Mario Müller

Dr. Ben Hartwig

**GUT
LACHEN
HABEN**

Die Kunst des Nichtdurchdrehens

Herstellung und Verlag: BoD – Books on Demand, Norderstedt

Anfragen und Lob an:

mueller@itrakon.de für Mario Müller und an info@neuroblitz.de für Ben Hartwig

ISBN: 9783 7562 4462 1

Gut Lachen Haben

Die Kunst des Nichtdurchdrehens

Danksagung

Gabriele Amann

Eva Barnewitz, M. Sc.

Dr. Silja Hartmann

Prof. Dr. Martin Högl

Prof. Dr. Tamara Ranner

Inhalt

Hallo und herzlich willkommen!

„Du hast ja gut lachen!" rufen wir Menschen gerne entgegen, die in einer *so* guten Situation sind, so innerlich aufgeräumt, sattelfest und zuversichtlich, dass sie *natürlich* den Dingen mit Leichtigkeit begegnen können.

Wir verbringen so viel Zeit damit, uns zu sorgen, zu fürchten, zu grämen – und immer scheint es da diese Leute zu geben, die völlig in sich ruhen. Die ein unerschütterliches Gemüt haben, die irgendwie alles mit Freude angehen können, wunderbar schlafen, ein erfülltes Leben führen und dabei noch eine mysteriöse Leichtigkeit versprühen. In diesem Buch geht es darum, was wir über die Fähigkeiten solcher Menschen wissen und welche dieser Fähigkeiten wir lernen können. Wir glauben, dass so zu Leben keine Eigenschaft oder Zufall ist, sondern eine Kunst. Von den Geheimnissen und Techniken dieser Kunst handelt das vorliegende Buch.

Es gibt diese Bücher, in der eine einzige Kernidee mehrfach auf verschiedenste Arten präsentiert wird. Dieses hier ist kein solches Buch. Ben und Mario wollten hier so viele praktische, alltagstaugliche Kniffe und Techniken unterbringen, wie möglich. Techniken zum Umgang mit allem, was Menschen typischerweise anstrengt, in Stress versetzt oder unglücklich macht. Gleichzeitig sollte das Buch lesbar bleiben und kein tausendseitiger Schinken werden.

Wir haben uns bemüht, zu den einzelnen Methoden genügend Hintergründe und Erklärungen mitzugeben, dass Sie den Geist dahinter verstehen können. Die Welt ist voll von halb verstandenen „Tipps und Tricks", die zwar gewissenhaft, aber ohne echte Einsicht durchgeführt werden und deshalb den Anwendern wenig bis gar nichts bringen.

Es sind sehr viele verschiedene Themen und Aspekte in diesem Buch. Sie müssen bei weitem nicht alle verinnerlichen oder anwenden, um auf Ihrem Weg einige Sprünge vorwärts zu machen. Wir verstehen die Themensammlung wie ein Buffet, von dem Sie sich einfach nehmen können, was Sie gerade anmacht. Weil das Buch so kompakt ist, werden Sie vielleicht den einen oder anderen Abschnitt nochmals lesen wollen.

Wir wünschen Ihnen mit diesem Buch viel Freude und den einen oder anderen Aha-Moment. Wir würden uns sehr freuen, wenn es Ihnen dabei hilft, jemand zu werden (oder zu bleiben), der immer gut lachen hat.

Zur verwendeten Sprache

Wir haben uns in diesem Buch bewusst für eine traditionelle Verwendung von Berufsbezeichnungen entschieden. Wir sind absolut der Meinung, dass alle Menschen verdienen, gleichbehandelt und gefördert zu werden. Gendersternchen und :innen-Konstruktionen halten wir hierfür für ein ungeeignetes Mittel. Wieso? Zum einen behindert es den Lesefluss und bedeutet insbesondere für Menschen mit Sehbehinderung, die sich den Text automatisiert vorlesen lassen, eine massive Erschwernis beim Verstehen. Zum anderen politisiert eine solche Formulierungsweise die Sprache und führt von den Inhalten weg. Weiterhin ist es so, dass das Thema die Menschen sehr polarisiert und manche derart in den Widerstand bringt, dass sie sich auf den eigentlichen Inhalt gar nicht mehr recht konzentrieren können. Wir sind zudem der Auffassung, dass es zutiefst sexistisch wäre, zu unterstellen, dass ein Pilot oder ein Bäcker zwingend ein Mann sein müsse und keine Frau sein könne. Ein Mensch kann ja schließlich auch eine Frau sein. Unsere Kinder lernen bereits eine andere Sicht auf die Welt als unsere Eltern, und das finden wir gut. Wir sind entschieden für

Gleichbehandlung und Chancengleichheit unabhängig von individuellen Merkmalen, aber wir sagen es hier *einmal* und möchten darauf verzichten, es bei jeder Formulierung den Lesern erneut unter die Nase zu reiben. Und jetzt wünschen wir allen Lesern unabhängig von Geschlecht und anderen Eigenschaften viel Vergnügen mit diesem Buch.

Notfall!?

Dieses Buch ist weit mehr als ein Seelen-Feuerlöscher. Aber für den Fall, dass jemand dieses Buch aus einem akuten Anlass heraus erworben oder bekommen hat, haben wir eine ganze Sammlung von wirksamen Sofort-Maßnahmen mit aufgenommen, die wir *Feuerlöscher* nennen.

Wenn es Ihnen einmal mit allem akut zu viel wird und Sie das Gefühl haben, gleich zu platzen oder etwas Dummes zu tun, denken Sie an die Liste der mentalen Feuerlöscher in diesem Buch. Je nachdem, wie viel Zeit Sie dafür zur Verfügung haben und was Ihre Umgebung gerade hergibt, können Sie eine dazu passende Feuerlöscher-Methode anwenden, um mit einer anstrengenden oder überwältigenden Situation umzugehen. Sie finden die Liste im Kapitel *Feuerlöscher* im Anhang ab Seite 191.

Gut lachen haben

Wenn man etwas Neues lernt, wenn man einen Aha-Moment hat oder einen neuen Zusammenhang durchschaut, ist das in sich meistens schon ein lustvoller Vorgang. Man gewinnt etwas hinzu und wächst innerlich wieder ein wenig. Darüber hinaus macht uns Gelerntes dann Freude, wenn wir damit auch etwas anfangen können. Und *etwas anfangen* bedeutet eigentlich immer, dass wir irgendetwas anders machen als zuvor. Obwohl sich das so leicht sagt, ist das manchmal aber gar nicht so einfach; selbst dann, wenn man Begeisterung mitbringt.

Das liegt unter anderem daran, dass Gewohntes zu tun uns viel weniger anstrengt; und daran, dass wir biologisch darauf ausgelegt sind, uns nur dann anzustrengen, wenn das mit einer guten Chance auf eine Belohnung irgendeiner Art verbunden ist. *Veränderung ist eine Investition und muss sich klarerweise lohnen*, scheint eines der Mottos unseres Denk- und Fühlapparates zu sein.

In diesem Buch gibt es viele Anregungen und wir möchten Ihnen dabei helfen, diejenigen, auf die Sie Lust bekommen, so einfach und erfolgreich anzugehen wie möglich.

Im kommenden Abschnitt möchten wir Ihnen deshalb einen Verbündeten mit auf den Weg geben, der Ihnen ab jetzt dabei helfen wird, schneller, einfacher und konsequenter die Dinge, die Sie sich vornehmen, in die Tat umzusetzen. Ein Assistent für beinahe alle Techniken und Methoden, die wir Ihnen hier präsentieren.

Dürfen wir vorstellen: *Wendan*.

Wendan, der kleine Leguan

Begeben wir uns gedanklich in unseren eigenen Kopf. Dort finden wir ein Gehirn, das bekanntermaßen in zwei Hälften (oder *Hemisphären*) unterteilt ist. Vielleicht haben Sie auch schon vom Hirnbalken (dem *Corpus Callosum*) gehört; das ist die ungefähr 300 Millionen Nervenzellen breite Datenautobahn, über die Ihre beiden Gehirnhälften miteinander verbunden sind. Um diesen Hirnbalken herum legt sich wie ein Band eine weitere wichtige Hirnregion herum. Wegen dieser umschließenden Form heißt diese Region *Zingulum*, "Gürtelchen" (oder auf Englisch *Cingulate Cortex*).

Das Zingulum tut viele wichtige Dinge für uns und tatsächlich weiß man noch gar nicht, was dort alles passiert. Es verdichten sich aber die Hinweise, dass im *vorderen* Teil des Zingulums (dem *Anterior* Cingulate Cortex) Prozesse ablaufen, die damit zu tun haben, wenn wir bemerken, dass wir etwas falsch gemacht haben. Hier finden viele Ereignisse statt, die wir mit dem *Selbst* assoziieren. Was ist dieses Selbst? Die Grundausstattung des Selbst hat mit der Unterscheidung zu tun, welche Teile der Welt *wir* sind (also zum Beispiel unsere Hände) und welche Teile nicht (zum Beispiel ein Tisch) – und der Unterscheidung, welche Teile der Welt *andere Leute* sind. Das lernen wir bereits sehr früh in der Kindheit.

Theorie des Geistes

Kinder entwickeln darauf aufbauend in der Regel im Alter von vier bis sechs Jahren die Theorie des Geistes (auch: *Theory of Mind).* Diese kann mit dem sogenannten *Rouge Test* überprüft werden. Einem Kleinkind wird dabei ein roter Punkt auf die Stirn gemalt und es wird vor einen Spiegel gesetzt. Wischt das Kind den Fleck daraufhin von der eigenen Stirn, gilt der Test als bestanden: Das Kind versteht, dass es sich selbst im Spiegel betrachtet. Viele hochentwickelte Lebensformen bestehen den Rouge Test; insbesondere Menschenaffen, Delfine, aber auch einige Vögel und sogar vereinzelte Fische.

Wenn Sie mit Kindern Verstecken spielen, die sich selbst von der Welt noch nicht besonders gut trennen können, erhalten Sie manchmal wundervolle Ergebnisse. Die Kinder verstecken sich schlecht; Beine gucken unter Vorhängen hervor, der halbe Körper ist hinter einer Tür zu sehen oder die Augen werden schlicht zugehalten. Der Satz: „Ich sehe dich nicht, also siehst du mich auch nicht" wird durch die Entwicklung des Selbst immer stärker zu: „Ich sehe etwas, aber ich verstehe, dass du etwas anderes siehst als ich." Im Laufe unseres Lebens vertieft sich unser Verständnis dafür, welchen Wissensstand Andere haben und wo die Unterschiede zu unserem Wissensstand sind, immer weiter.

In einer Ausbaustufe, die in der menschlichen Kindheit etwas später hinzukommt, lernt das Selbst, eigene und fremde Erwartungen mit dem Ergebnis von eigenen Handlungen abzugleichen. Also: Hat das geklappt, was ich vorhatte? Werden die anderen zufrieden sein mit dem, was ich gemacht habe, oder gibt das Ärger?
Wenn also etwas schiefläuft, dann klingelt bei uns das vordere Zingulum und macht diesen Fehler durch Weitergabe an Sie, also an Ihre Aufmerksamkeit, zur Chefsache. Das wissen wir vor allem aus einer Studie von Redmond G. O'Connell aus dem Jahr 2007.

Der Türsteher

In einer aktuelleren Studie konnte jetzt am vorderen Rand des Zingulums tatsächlich ein Funktionsbereich identifiziert werden, der wie ein Türsteher funktioniert. Die Aufgabe dieses Türstehers ist, zu filtern, welche Reize es bis ins Wachbewusstsein, also, gewissermaßen zu Ihnen auf den geistigen Schreibtisch, schaffen. Ein menschlicher Körper ist ein Bisschen wie eine hochkomplexe Maschine. *Alles, was das Gehirn ohne Ihre Aufmerksamkeit tun kann, wird es auch versuchen, ohne Ihre Aufmerksamkeit zu tun.*

Im Buch *The Brain* stellte David Eagleman 2016 eine äußerst seltene Erkrankung vor, bei der das Gehirn diese Automatismen nicht mehr kann. Betroffene müssen ihren Körper vollständig mit ihrer Aufmerksamkeit steuern. Wenn sie nach einer Tasse auf dem Tisch greifen wollen, müssen sie jeden einzelnen Bestandteil der Bewegung, jede Muskelbewegung gezielt mit ihrer Konzentration in Auftrag geben.

Wer will sich schon die ganze Zeit mit Atmung, Darmbewegungen, Gleichgewicht, dem Steuern des Gefäßdrucks und der Aktivierung aller 656 Muskeln beim Vollziehen von Alltagstätigkeiten befassen? Evolutionär gesehen ist *Ihr* Job, Pilze zu unterscheiden, Tieren hinterherzurennen, selbst nicht gefressen zu werden und kleine Menschen zu machen. Ihre Aufmerksamkeit ist so etwas wie ein Punktstrahler, ein Signalverstärker, der *einen* Prozess im Gehirn betonen, hervorheben und stabilisieren kann. Das ist eine enorm zentrale Funktion, von der es nur eine Ausgabe gibt. Deswegen soll sie sich nur mit denjenigen Sachen befassen, die nicht ohne gehen. Wann kommt denn jetzt endlich der Leguan?

Wir alle haben im Laufe unseres Lebens, überwiegend, ohne uns das klarzumachen, sehr viele Dinge gelernt. Zum Beispiel, wie wir damit umgehen, wenn uns etwas ärgert, uns belastet oder Angst macht. Wir alle haben solche Erlebnisse schon gehabt und wir haben dann Sachen ausprobiert, von denen manche nicht so gut funktioniert haben und andere besser. Beides merkt sich das Gehirn — aber es hat Ihnen deswegen nicht jedes Mal einen Brief geschrieben. Die allermeisten

16

Dinge, die wir lernen, lernen wir unbemerkt und nebenbei. Sie *haben* bereits etliche Strategien für den Umgang mit verschiedensten Situationen. Darunter finden sich Strategien für Situationen, die schwierig oder anstrengend sind.

Hinweis: Was wir hier „Strategie" nennen, ist nicht nur eine Beschreibung äußeren Verhaltens, sondern auch ein „festgelegtes Set an Emotionen, dem wir begegnen, wenn wir Fehlschläge oder Zurückweisungen erleben", wie Psychologe Dr. Guy Winch das nennt. Also *innere* Strategien. Und wenn Sie nicht aktiv eingreifen, dann werden Sie die Strategien, die Sie irgendwann früher einmal als die Beste festgelegt haben, immer wieder anwenden. Das ist genau dann super, wenn diese Strategie auch für die aktuelle Situation passt – und dann total ungeschickt, wenn sie gerade nicht passt; oder wenn die Strategie sehr viel Kraft kostet, oder wenn Sie das inzwischen einfach viel besser könnten.

Wie aktualisiert und ersetzt das Gehirn veraltete Strategien? Durch Aufmerksamkeit.

Unsere Aufmerksamkeit ist perfekt geeignet, um im Kopf die Weichen neu zu stellen und alte Standards zu hinterfragen. Und den oben genannten Türsteher kann man *programmieren*. Das klingt jetzt technisch, hat aber gar nichts mit Technologie zu tun oder damit, dass man eine verborgene Kunst beherrschen können müsste.

Ihr innerer Türsteher geht davon aus, dass er weiß, was Sie interessiert und was nicht. Er ist schließlich ein erfahrener Türsteher – er sitzt aber auch im Dunkeln und bekommt nur mit, dass Sie neue Anforderungen an ihn haben, wenn Sie sich mit ihm unterhalten. Wenn Sie jetzt ein sensationelles Buch über Stressbewältigung und Persönlichkeitsentwicklung lesen, dann weiß er zunächst einmal nicht, dass ihn das betrifft. Wenn Sie nun eine neue Strategie ausprobieren wollen, (zum

Beispiel: *Atmen!*, siehe Seite 193), dann muss Ihre bisherige Stressantwort überbrückt werden. Und jetzt kommt endlich der Leguan.

Der Leguan – von Actionheld bis Zauberfee

Dieses Überbrücken der bisherigen Reaktion funktioniert so: Stellen Sie sich Ihren inneren Türsteher vor. Und zwar so, wie Sie möchten. Ob das ein bulliger Typ ist, oder *Gandalf* aus dem Herrn der Ringe, ein loyaler Flaschengeist, Ihre Lieblings-Tatortkommissarin, Doc Brown aus *Zurück in die Zukunft* oder eben ein freundlicher Leguan, ist ganz egal. Machen Sie sich ein deutliches inneres Bild, das Ihnen gefällt. Und dann sagen Sie zu dieser Türsteher-Figur: *Immer dann, wenn ich gestresst bin, sagt Du mir Bescheid. Alles klar? Keine Ausnahmen!*

Achtung, wichtiger Hinweis: Machen Sie die Anweisung so spezifisch wie möglich. Machen Sie die Wenn-Bedingung so eindeutig, wie sie können.

Zum Beispiel: *Immer, wenn ich morgens aus dem Haus gehe, die Türklinke der Wohnungstür in die Hand nehme und das kalte Metall in meiner Handfläche spüre, dann fasse ich kurz an meine Hosentasche, um zu überprüfen, ob mein Hausschlüssel darin ist.*

Merken Sie das? Man sieht die Szene regelrecht vor sich. So deutlich soll die Beschreibung sein. Der Türsteher ist sehr respektvoll und er muss sich wirklich sicher sein, dass jetzt die Situation ist, die Sie gemeint haben, wenn er Sie stören soll. Wenn es also darum geht, Sofort-Techniken wie die aus der Liste der mentalen Feuerlöscher auszuprobieren, machen Sie eine klare *Wenn-Dann*-Anweisung.
Beispiel: Stellen wir uns vor, Marios ureigene Stress-Merkmale wären, dass er kalte, schwitzende Hände bekommt, die Nackenmuskeln anspannt und das Gefühl hat, alles auf einmal

hinkriegen zu müssen. Und stellen wir uns vor, er würde *Atmen* ausprobieren wollen. Dann würde er zu seinem kleinen Leguan sagen:

"Wendan! (So heißt sein Türsteher) *Immer, wenn ich kalte, schwitzende Hände bekomme, die Nackenmuskeln anspanne und das Gefühl habe, alles auf einmal hinkriegen zu müssen, dann klopfe bei mir an und erinnere mich daran, dass ich durchatmen wollte!"*

Je klarer Sie das Bild machen, desto sicherer wird Ihnen Ihr Türsteher in der entsprechenden Situation Bescheid geben. Die Wenn-Dann-Technik ist die am besten durch psychologische Studien belegte Strategie zur Veränderung von emotionalen und Verhaltensprozeduren, die bisher bekannt ist.

Und dann: Wann immer es funktioniert und Ihr Türsteher Ihnen einen solchen Moment meldet: *Loben Sie ihn!* Sie wollen ja, dass er das beim nächsten Mal wieder tut. Also sobald der Leguan (oder Ihre Wahl-Figur) zur gedanklichen Tür hereinstürmt und aufgeregt ruft: "Du wolltest, dass ich Dir sage, wenn es soweit ist! *Jetzt ist es soweit, jetzt gerade! Atmen!",* dann tätscheln Sie den Türsteher gedanklich und sagen: „Gut gemacht, nächstes Mal wieder, bitte!"
Sagen Sie das gerne in Gedanken, es könnte sonst sein, dass Ihre Mitmenschen anfangen, sich Sorgen um Sie zu machen. Und nach dem Loben machen Sie das, was Sie sich vorgenommen haben.

Prüfen Sie auch, ob die neu gewählte Strategie den gewünschten Effekt bringt. Wenn es wirkt und Sie dem Türsteher das sagen, dann wird er doppelt stolz sein und noch gewissenhafter auf die Wenn-Dann-Merkmale achten.

Belächeln Sie die liebevolle Ausgestaltung der Figur nicht. Je mehr Bestandteile Ihres Gehirns in das Konzept des Türstehers involviert sind (visuelle Zentren, die "Berechnung" des Gemüts und des Verhaltens der Figur, auditive Zentren für die Vorstellung, wie die Stimme der Figur klingt, taktile dafür, wie sich das Fell oder die Schuppen in den Händen anfühlen würden), desto größer und mächtiger wird das Netzwerk im Kopf und desto wahrscheinlicher ist es, dass es Bestand hat und auch ausgelöst wird. Deshalb:

Machen Sie sich diese Idee zu eigen, mit einer eigenen Figur. Finden Sie heraus, was *genau* die Merkmale der Situationen sind, in denen Sie anders vorgehen wollen als bisher und beschreiben Sie sie dem Türsteher. Sagen Sie ihm gleich dazu, woran er Sie erinnern soll! Wenn Sie dann beginnen, in den schwierigen Situationen neue Wege zu gehen, dann bildet sich im Kopf tatsächlich eine Abzweigung, die mit jedem Mal breiter wird, bis sie schließlich zur neuen Standard-Autobahn wird, die dann keine Aufmerksamkeit mehr von Ihnen benötigt.

Sich auf diese Weise selbst zu trainieren und zu entwickeln macht Ben und Mario übrigens richtig Spaß.

Robuster und gelassener mit Routinen

Grundidee

Wenn es brennt, — um noch einmal die Feuerlöscher-Metapher zu bemühen — ist es natürlich angemessen, den Brand zu löschen, ehe man sich einer anderen Sache zuwendet. Man muss mit dem Schutz des eigenen Persönlichkeitsinventars aber nicht warten, bis irgendwo die Flammen herausschlagen. Viel entspannter ist es, schon vorher gewissermaßen in Brandschutz zu investieren. Wenn *Wendan*, der kleine Leguan, in diesem Bild so etwas ist wie ein mentaler Rauchmelder, dann geht es im kommenden Kapitel darum, die Einrichtung *grundsätzlich schwer entflammbar* zu machen.

Es gibt ja Leute, die kann scheinbar überhaupt nichts aus der Ruhe bringen. Für die scheint *Stress* ein geradezu außerirdisches Konzept zu sein. Deren mentale Einrichtung scheint *nie* zu kokeln oder zu brennen. Wie machen die das?

Um das zu klären, müssen wir zunächst schauen, was Stress eigentlich genau ist.

Was Stress ist, wissen wir ja alle irgendwie. Wir haben natürlich eine Vorstellung davon, was wir meinen, wenn wir sagen "ich bin gestresst" oder "es war stressig im Büro" oder dergleichen. Im Alltagsverständnis von "Stress" liegen aber auch ein paar Ungenauigkeiten verborgen, die überraschend hinderlich sein können, wie wir sehen werden. Deshalb jetzt mal eine Klärung des Stress-Begriffs, wie er diesem Buch zugrunde liegt.

Was ist eigentlich Stress (nicht)?

Zur Übersicht eine kurze Liste von Dingen, die viele Leute mit Stress in Verbindung bringen:

- Aufregung
- Intensive Emotionen (eigene oder die von anderen)
- Schmerz
- Hektik
- Beschuldigt oder verdächtigt werden
- Hohe Anspannung
- Multitasking
- Kurzfristige Abgabetermine
- Schreiende oder weinende Kinder
- Viel Arbeit
- Hohe Intensität

Erkennen Sie da Merkmale von Situationen wieder, in denen Sie Stress erlebt haben? Situationen, die sehr fordernd oder aufreibend waren?

Dann wird es Sie vielleicht überraschen, zu lesen, dass nichts davon Stress ist. Weder die Aufregung, bei der unser Herz wie wild schlägt und unsere Hände zittern, noch die Wut, Trauer, Freude, Verzweiflung oder Eifersucht, die wir oder die Menschen in unserer Gegenwart spüren.

Weder der Schmerz, wenn wir uns den kleinen Zeh gegen den Bettkasten hauen, noch die Hektik im Büro, angespannte Muskeln oder auch, vier Dinge gleichzeitig zu machen. Weder der Berg von zu erledigenden Dingen, der mit jedem Schritt der Abarbeitung noch höher zu werden scheint, noch das Ausmaß an Konzentration, wenn wir uns ganz in eine komplexe Aufgabe vertiefen. Das Schimpfen des Chefs. Kein Stress. Nichts davon. Sie sind bekannte *Stressoren*, aber kein Stress. Auf dieselbe Art, wie Skifahren nicht dasselbe ist wie ein Kreuzbandriss und wie eine Kerze nicht dasselbe ist wie ein Zimmerbrand.

Bevor Sie uns jetzt philosophische Spitzfindigkeit unterstellen und ein reines Jonglieren mit Begriffen, hier die Auflösung; die Antwort auf die Frage, was Stress ist:

Stress ist nichts anderes als eine Kombination aus genau zwei bestimmten Faktoren, auf die wir jetzt eingehen. Für Stress braucht es beide Faktoren, der erste reicht dafür nicht aus.

Zwei Faktoren

Der erste Faktor für Stress ist *der Wille, mehr zu kontrollieren, als man gerade kann*.

Der zweite Faktor für Stress ist *die Angst, das nicht zu schaffen*.

Lassen Sie das doch einmal kurz auf sich wirken. Gehen Sie gedanklich durch ein paar der Situationen, an die Sie sich eben vielleicht erinnert haben, Situationen, die Sie als Stress empfunden haben, als Belastung, und schauen Sie mal, ob das mit der Beschreibung der beiden Faktoren zusammenpasst.

Kontrolle

Menschen lieben Kontrolle. Unsere Fähigkeit, unsere Umgebung zu gestalten; unser Konzept von der Zukunft und die Fähigkeit, gezielt Einfluss auf die Welt zu nehmen, um sie unseren Wünschen anzupassen, ist auf der Erde einzigartig. Möglich wird das durch unsere Fähigkeit, uns die Zukunft in verschiedenen Varianten auszumalen, also, vor das innere Auge zu holen und sie mit Sprache zu fassen. Was bedeutet „mit Sprache fassen"?

Worte sind die Finger des Geistes. Was ist damit gemeint? Worte erlauben es uns, Dinge zu greifen, die wir mit den

Händen nicht anfassen können. Also zum Beispiel den Planeten Jupiter oder das Bruttoinlandsprodukt. Wir können ferne oder abstrakte Dinge mit Worten greifen und durch die Sprache auch anderen Menschen überreichen. So, wie ein Urmensch mit den Fingern einen Knoten in einen Grashalm machen konnte, um ihn jemandem zu übergeben, können wir zu jemandem sagen: „Der Fußball ist in der Garage." Durch diesen Satz kann der Empfänger sein inneres Abbild des Fußballs in sein inneres Abbild der Garage bewegen (und aufhören, anderswo zu suchen). So, wie der verknotete Grashalm von einer Hand geformt und überreicht wurde, wurde das gedankliche Konzept des Fußballs durch Worte gegriffen und in der mentalen Landkarte in die Garage verschoben.

Eine weitere Voraussetzung für die Fähigkeit, die Zukunft zu kontrollieren, ist unser Arbeitsgedächtnis. Die Fähigkeit, Gedanken und mentale Bilder mit der Aufmerksamkeit für eine Weile *festzuhalten*, um sie miteinander zu verbinden, Strategien zu entwickeln und dann planmäßig, also, *mit Absicht* zu handeln. Bereits vorab absehen zu können, was aufgrund unserer Handlungen passieren wird, ist eine Fähigkeit, die uns von den allermeisten Tieren unterscheidet. Hunde oder sehr kleine Kinder haben noch keine Absicht, sie reagieren einfach.

In der Schule lernen wir, dass wir unsere eigenen Denkprozesse und Handlungen steuern können; dass wir mit unserer Konzentration kognitive Kontrolle ausüben können. Wir haben, wie Nobelpreisträger Daniel Kahnemann in *Thinking Fast and Slow* beschrieb, im Kopf eine Art Turbo, eine Konzentrationsfähigkeit, mit der wir unsere intuitiven Blitzurteile noch einmal überprüfen und gegebenenfalls geraderücken können. Diese intuitiven Blitzurteile basieren vermutlich auf dem, was wir unbewusst im Laufe unseres Lebens gelernt haben und sind sehr schnell verfügbar –

können in komplizierteren oder ungewohnten Fällen aber schnell weit danebenliegen. Der von Kahnemann *System zwei* genannte Turbo ist tatsächlich sehr leistungsfähig, benötigt aber auch eine Menge Energie, weswegen er möglichst nur punktuell eingesetzt wird.

Was in der Regel in der Schule von uns gefordert wurde, ist, dass wir uns anstrengen. Wir haben gelernt, dass wenn wir eine gestellte Aufgabe nicht hinbekommen, uns mehr anstrengen, also mehr kognitive Kontrolle ausüben, damit es dann (hoffentlich) funktioniert. Manche Lehrer schienen zu glauben, dass unsere Leistungsfähigkeit ausschließlich an unserer Leistungsbereitschaft hing. Gute Lehrer inspirierten uns dazu, uns mehr anzustrengen, weniger gute versuchten mit unterschiedlichen Graden von Druck, uns dazu zu zwingen.

Die meisten von uns haben wahrscheinlich noch in der Schule gelernt, dass man Aufgaben selbständig ("nicht abschreiben!") und durch besondere Konzentration lösen muss. Und auch in der Ausbildung, an der Hochschule und im Berufsleben ist das immer noch eher die Regel als die Ausnahme. Wir lernen, dass kognitive Kontrolle dazu führt, dass eine Situation so verläuft, wie wir (also ursprünglich: der Lehrer) das wünscht.

Im echten Leben geraten wir immer wieder in Situationen, für die es noch keine Lösungshefte gibt und kein Richtig und kein Falsch. In der Schule haben wir auch immer nur eine Aufgabe nach der anderen gemacht. Außerdem war alles, was wir kontrollieren mussten, um die Aufgabe 7 c) zu lösen, unser Geist. Im Leben von Erwachsenen gibt es plötzlich viel mehr Faktoren, die wir so beeinflussen wollen, dass sie das gewünschte Ergebnis liefern.

Im Berufsleben sind solche Faktoren zum Beispiel handwerkliche oder virtuelle Werkzeuge, Kollegen, Kunden, Führungskräfte. Oft haben wir vage, ungenaue Zielvorgaben, die Mittel und Umstände ändern sich dauernd, wir müssen uns auf andere verlassen, sind für viele Dinge gleichzeitig verantwortlich, plötzlich ist die Aufgabe total komplex; dann sind da noch Familie, Wünsche, das, was man eigentlich vorhatte, Peter hat immer noch nicht auf die Email geantwortet, deswegen kann das Angebot nicht raus, das ist aber wichtig, kannst Du heute die Kinder abholen, die warten in der Kälte, der Wagen springt nicht an, das Smartphone klingelt, es ist der Boss, verdammt, der Termin und dann fällt einem ein, dass man heute noch gar nichts gegessen hat und plötzlich ist man mittendrin: *Stress*.

Wir haben also gelernt, den Ausgang von Situationen zu garantieren, indem wir mit Konzentration kognitive Kontrolle ausüben. Indem wir uns *anstrengen*. Das ist aber nur die eine der beiden Zutaten für die Zubereitung von Stress. Ohne die andere wird es kein Stress. Die andere für Stress unverzichtbare Zutat ist *Angst*.

Angst

Wie wir später noch ausführlicher sehen werden, ist Angst Grundvoraussetzung für Stress. *Intensität* allein ist nämlich für unseren Körper erst einmal kein Problem. Manche Menschen bezahlen Geld und stehen Schlange, um sich neunzig Sekunden lang durch eine Achterbahn schießen zu lassen. Andere springen mit einem Gummiband an den Beinen von Brücken oder in Canyons – *zum Spaß*. Stand jetzt meldete aber noch nie jemand wegen eines Besuchs in der Geisterbahn ein Burnout-Syndrom an oder begab sich wegen eines gelungenen Fallschirmsprungs in Therapie. Die Intensität eines Erlebnisses scheint also nicht per se ein Problem dazustellen.

Ist es möglicherweise so, dass eine kurze Intensität einfach nicht so schlimm ist? Kommt das Problem vielleicht erst durch Dauerbelastung?

26

Wir Menschen sind von der physischen Auslage her
Treibjäger. Im Gegensatz zu Lauer- und Schleichjägern können
wir *homo sapiens* Schwitzen. Wo ist da der Zusammenhang?
Wölfe und Raubkatzen zum Beispiel können die immense
Hitze, die ihre Muskulatur bei der Jagd erzeugt, nur über die
Lunge abtransportieren. Ein Wolf oder auch ein Tiger würden
bei hoher Dauerleistung der Muskulatur überhitzen und einen
Kreislaufkollaps erleiden. Wir hingegen können über die zwei
Quadratmeter Hautoberfläche durch Schwitzen dauerhaft
große Mengen Wärme ableiten und deshalb prinzipiell über
Stunden hinweg Laufen.

Als Menschen können wir insbesondere Ausdauerleistungen
sehr gut trainieren, grundsätzlich auch in jedem Alter. Einen
Marathon zu laufen ist für jeden gesunden Menschen ein
erreichbares Ziel, das einer (großen) Disziplinleistung
entspricht.
Wenn also auch eine längere körperliche Belastung nicht
zwingend Stress erzeugt – wie steht es mit längeren mentalen
Belastungen?

Rennfahrer, Konzertmusiker, Tänzer, Astronauten, Soldaten,
Freikletterer, Fluglotsen, Chirurgen – die Liste der Berufe, in
denen Männer und Frauen über Stunden hinweg und Tag für
Tag Dauerkonzentration auf hohem oder höchstem Niveau
erbringen müssen, ist lang. Als Berufe mit den höchsten
Burnout-Krankheitstagen weist Statista für 2019 folgende
Gruppen aus: Berufe im Dialogmarketing, Führungskräfte in
Ein- und Verkauf, verschiedene Pflegeberufe,
Sozialverwaltung. Auch Akademiker sind besonders betroffen:
Das Magazin *Nature* macht alle zwei Jahre eine Befragung mit
Doktoranden. Zusammen mit der Veröffentlichung von
Levrecque 2017 zeigt sich, dass Doktoranden verglichen mit
anderen Berufen mit ähnlich hoher Arbeitsbelastung etwa 2,4
Mal so anfällig für Burnout und andere negative Folgen von
Langzeitstress sind. Statt Rennfahrern, Fluglotsen und

Chirurgen haben also Menschen, die in Pflege, Verwaltung, Verkauf und an Universitäten arbeiten Burnout.

Ist das nicht verblüffend?

Es scheint, als wären es weder die körperliche, noch die geistige Intensität, die Menschen dauerhaft belasten. Es muss an etwas anderem liegen. Was den Unterschied *im Detail* ausmacht, werden wir uns in den kommenden Abschnitten ansehen. Aber es liegt offenbar weder an der Intensität, noch direkt an der Dauer der Belastung.

Wenn Menschen ausbrennen, dann liegt es an der *Art* der Belastung.

Turbo – Angst – Gas – Bremse

Weiter oben wurde erwähnt, dass dieser "Turbo" im Kopf energieintensiv ist und dass wir aus dem evolutionär verankerten Antrieb heraus, Kalorien zu sparen, diesen Turbo sparsam einsetzen. Tatsächlich ist für geistige Erschöpfung sehr relevant, *wie* wir an Situationen herangehen. Dazu jetzt einmal Marios Lieblingsbeispiel.

Obwohl ich schon oft auf der Bühne stand, bin ich manchmal, wenn ich vor vielen Leuten stehe und zum Beispiel einen Vortrag halte, immer noch aufgeregt (deswegen mache ich das ja). Jetzt will man typischerweise, wenn man vorne steht, auf eine bestimmte Art wirken. Authentisch, witzig, souverän, beeindruckend, vertrauenswürdig, intelligent, schlagfertig, charmant – und im Idealfall alles gleichzeitig. Nun ist es aber so, dass so etwas grundsätzlich auch nach hinten losgehen kann. Wir sind Rudeltiere, deswegen ist unser Ansehen im Rudel für uns lebenswichtig. Wenn wir in einer Situation sind, in der unsere Reputation in Gefahr ist und Gesichtsverlust droht, dann aktiviert dies Urängste und gleichzeitig unser *Ego*, dessen Job es ist, genau diesen Gesichtsverlust und jede Form von Blamage zu verhindern.

Was passiert also?

Der Redner möchte entspannt und lässig wirken; gleichzeitig bereitet sich der Körper darauf vor, *alles* in die Waagschale zu werfen: Blutdruck, Puls, Adrenalin, Dopamin, Muskelspannung, alles wird hochgefahren, bis uns die Finger zittern. Gleichzeitig stürmt unser Ego den Kopf wie die Polizei die Diskothek bei einer Razzia: Alles wird jetzt doppelt kontrolliert, keine falsche Bewegung. Bei, ähm, manchen, äh, Leuten, wird, mehrmals, ehm, im Satz, kontrolliert, äh, ob nicht inzwischen, ähm, versehentlich, etwas Dummes gesagt wurde, und, ähm, das kann den ä Redefluss erheblich, em, hemmen.

Man möchte also souverän und gelassen wirken, während der Körper sich scheinbar auf einen Kampf auf Leben und Tod vorbereitet und der Geist vor der inneren Polizei die Taschen leermachen muss – und das alles, *während er spricht*.

Dieses Spektakel wiederum kann einem auch ganz schön auf die Nerven gehen und man möchte sich in seinem eigenem Kopf nach hinten umdrehen und dem Körper und dem ganzen Theater im Hintergrund zurufen: "*Ruhe* da hinten jetzt, ich bin bei der Arbeit!" und dann versucht man sich zu beruhigen, während der Körper weiterhin vor der schrecklichen Gefahr des totalen Gesichtsverlusts warnt. Wir versuchen, nach draußen zu signalisieren, dass alles bester Ordnung ist, während in uns auf allen Stationen die Alarmanlagen röhren und die ganze Besatzung schreiend durcheinanderrennt.

„Ruhe da unten!"

Und damit sind wir bei einem wichtigen Punkt, der mit Stress viel zu tun hat: Dem Gas-Bremse-Bild.

Wir sind imstande, wirklich außergewöhnliche mentale Leistungen zu erbringen. Typischerweise passiert das dann, wenn wir es am wenigsten bemerken: Wenn wir über eine feuchte Wiese einem Ball hinterherrennen und uns dabei einen gegnerischen Spieler vom Hals halten; wenn wir uns eine ganze Staffel einer Netflix-Serie am Stück ansehen und mit den Protagonisten mitfiebern; oder wenn wir mit unseren befreundeten Musikern einfach *Jammen*. Alles Dinge, die viele Menschen *zur Entspannung* tun. Wie wir aus der Entwicklung künstlicher Intelligenzen und Roboter wissen, sind das unglaubliche Leistungen, die unsere Gehirne da abrufen – und das zugleich mühelos, beiläufig und entspannt.

Diese Entspanntheit kommt daher, dass wir unseren Geist und unseren Körper widerstandsarm *das tun lassen, was sie tun und worin sie sehr gut sind.* Dinge, die unseren Kopf übermäßig anstrengen sind dagegen solche, wo Prozesse gegeneinander arbeiten. Nervenzellen, die ohne Pause Leistung bringen müssen, werden ähnlich müde wie Muskeln, die permanent angespannt sind. Wenn wir widerstreitende Prozesse im Kopf haben, ist das so, als würden wir in unserem Inneren mit uns selbst Armdrücken. Oder als würden wir auf der Autobahn auf der linken Spur anfangen, zusätzlich zum Gaspedal auch ein wenig die Bremse zu drücken. Und ein wenig mehr Gas, damit das Auto nicht langsamer wird. Was wird passieren? Fährt das Auto besser? Schneller? Stabiler? Nein. Stattdessen werden die Bremsen sehr schnell heiß, das Öl auch, der gesamte Abrieb des Fahrzeugs geht ins Unermessliche und den

> Übrigens: Das Gehirn ist etwa 1,5 Grad wärmer als der Rest des Körpers und damit neben der Leber (40° C) der zweitwärmste Ort in uns.

allermeisten Leuten dürfte klar sein, dass eine solche Fahrweise eine sichere Methode ist, das Fahrzeug zugrunde zu richten. Und im Gehirn gibt es ein Äquivalent zu dieser Fahrweise.

Wenn wir zum Beispiel intensive Emotionen oder nervliche Erregungszustände herunterdämpfen wollen, oder wenn wir trotz Angst handlungsfähig bleiben wollen, dann haben wir so ein Gas-Bremse-Problem. Die gegeneinander arbeitenden Hirnregionen ermüden, weil sie im Dauerbetrieb sind, wie die Muskeln zweier miteinander verschlungener Ringer. Im Bild des aufgeregten Redners oben wären das die Fraktionen „Achtung, Du bist in Gefahr, ich setze den Körper in Alarmbereitschaft!" und „Ruhe da unten, beruhigt euch!", die miteinander ringen.
So erschöpft uns eine Tätigkeit, die eigentlich harmlos wäre, viel mehr als nötig. Noch schlimmer, wenn wir dann schon müde sind, kommt das zweite Problem obendrauf:

Wenn wir uns zu Höchstleistungen zwingen wollen, obwohl wir müde sind und die intrinsische Motivation uns dafür fehlt, dann geht es uns an die Substanz. Wie ist das zu verstehen?

Schauen wir nochmals auf das Gas-Bremse-Bild. Nehmen wir eine fiktive Rennfahrerin her, die ihre Rundenzeiten auf einem bestimmten Kurs kennt. Wenn es trocken ist, die Reifen warm, sie fit und wenn niemand vor ihr herschleicht, kann sie eine Runde in 1:56 Minuten fahren. Was passiert, wenn sie jetzt in Runde 64 eines Rennens, müde, mit abgefahrenen Reifen und nach einsetzendem Nieselregen versucht, die Runde in 1:56 min zu fahren? Richtig, sie wird es auf *gar keinen Fall* durch die gesamte Runde schaffen. Mit 1:56 min hat sie ja schon das Maximum unter Idealbedingungen herausgeholt, und jetzt sind die Bedingungen auf etliche Weisen schlechter. Sie wird also über die *Curbs* und vielleicht durchs Kiesbett rasseln, das

Fahrzeug zusätzlich schinden und damit ihre Bedingungen noch weiter verschlechtern – wenn sie Glück hat.

Wenn sie Pech hat, fliegt sie aus der Kurve und mindestens ihr Fahrzeug fällt für längere Zeit aus. Und so geht es uns auch, wenn wir aus Angst versuchen, das *Unmögliche* möglich zu machen – und das, schlimmstenfalls, ständig.

Intelligentes Risikomanagement

Ein erfolgreiches Leben beinhaltet immer ein kluges Risikomanagement – beruflich wie privat. Wenn die Rennfahrerin unter verschlechterten Bedingungen eine Rekord-Zeit von sich verlangt, verlangt sie aus naturwissenschaftlicher Sicht ein Wunder. *Das Ideal ist immer das Ideal unter den gegenwärtigen Bedingungen.* Vergessen Sie Ihre Top-Leistungen. Usain Bolt kann ebenso wenig jeden Tag Weltrekord laufen wie Javier Sotomayor jeden Tag den Hochsprung-Weltrekord springen kann. Orientieren Sie sich nicht an dem, was irgendwann mal entstand, als alle Zufälle optimal ausgingen. Schauen Sie auf das, was *jetzt*, was *heute* drin ist, und machen Sie das zu Ihren 100 Prozent. Dazu gehört auch Ihre Tagesform, die Sie zwar beeinflussen, aber nicht diktieren können.

Auch äußere Faktoren kann man manchmal beeinflussen, aber oft eben nicht. Es gibt einen Punkt, an dem noch mehr Konzentration und noch mehr Wille und noch mehr Krafteinsatz kaum noch Mehrwert bringen oder sogar kontraproduktiv werden. Egal, wie sehr Sie sich auch konzentrieren – es wird deswegen nicht aufhören, zu regnen. Sich antreiben und motivieren ist okay; aber Gewalt gegen sich selbst und sich aus falscher Loyalität quälen und kaputtmachen, das hilft niemandem. Man darf schon *auf die Tube drücken*, wenn nicht gleich von selbst was herauskommt. Aber wenn die Tube gerade leer ist, hilft auch festeres

Drücken nichts mehr und wird zur Kraftverschwendung. Man darf von Ihnen erwarten, dass Sie aus den gegebenen Umständen das momentane Maximum herausholen, aber Wunder verlangen ist unfair. Und weil das anderen gegenüber unfair ist, dürfen Sie das auch nicht von sich selbst verlangen.

Wir werden uns weiter unten damit befassen, was den körperlichen Unterschied in der Reaktion auf Stressoren ausmacht und wieso manche Menschen in einer Situation Stress haben werden, während andere keinen haben. Und wie Sie zu der anderen Sorte werden können. Achtung, Spoiler: indem Sie Ihre körperlichen Reaktionen begrüßen und verwenden, anstatt sich dagegen zu wehren. *Und* indem Sie Probleme als Herausforderungen angehen, mit Lust statt Angst. Aber eines nach dem anderen.

Das Bild von Gas und Bremse fanden übrigens auch die beiden Harvard-Professoren Kegan und Lahey passend und verwendeten es 2009 in ihrem Buch *Immunity to Change*. Sie führen die Hartnäckigkeit unserer Verhaltensmuster auf unsere tiefsitzenden *Big Assumptions*, also unsere Glaubenssätze und unsere Annahmen über uns selbst zurück.

Unveränderte Grundannahmen werden uns immer wieder zu ähnlichem Verhalten bringen und funktionieren wie ein mentales Immunsystem gegen Veränderungen. Wenn Ihnen Verhaltensänderungen also wiederholt nicht gelingen wollen, finden Sie vielleicht dort weitere Anregungen.

Antreiber

Wenn wir das Gefühl haben, dass jemand anderes „uns stresst", dann sind das in Wahrheit wir selbst. Wir machen uns die Emotionen oder Forderungen oder Probleme anderer zu eigen. Auch, wenn wir uns vielleicht nicht bewusst dafür entscheiden, ist es dennoch eine Entscheidung, die in uns gefällt wird. Und wenn diese Entscheidung fällt, gibt es dafür auch Gründe.

Ein wichtiger Übertragungsmechanismus, mit dem wir die Wünsche und Emotionen von anderen – zum Beispiel von Führungskräften, Kindern, Nachbarn oder Kollegen – umwandeln in Druck auf uns selbst, sind unsere Antreiber. Antreiber sind Glaubenssätze, die uns zu bestimmten Verhaltensweisen motivieren. Wir wollen zum Beispiel ein guter Mitarbeiter sein, eine gute Mutter, wir wollen *stark sein, schnell sein, perfekt sein*, es *allen recht machen* und *uns anstrengen,* um uns Anerkennung von uns selbst und von anderen zu verdienen. Die kursiv geschriebenen letzten fünf sind die Klassiker; sie stammen aus dem Antreiber-Test der von Eric Berne begründeten Transaktionsanalyse.

Wenn Sie also Stress spüren und bemerken, wie Sie sich unter Druck setzen, schauen Sie doch einmal, welcher Ihrer Antreiber dahinterstecken könnte. Wenn Sie Ihre Antreiber erkennen, können Sie bewusst über Ihre Reaktion entscheiden, anstatt ihnen ausgeliefert zu sein.

ZEFIBOS

Stress ist, wie wir gesehen haben, nicht dasselbe wie die Stressoren, die ihn auslösen *können.* Vielleicht haben Sie schon ans Ende des Buches geblättert, wo die mentalen Feuerlöscher beschrieben sind, die Sie einsetzen können, wenn es schon brennt. In diesem Abschnitt geht es nun darum, den eigenen Geist „weniger leicht entflammbar" zu machen, also robuster und duldsamer.

Der Verkaufstrainer Dirk Kreuter hat den Begriff „geistige Brandstiftung" geprägt. Er setzt diese Technik ein, um Menschen von einem Kauf zu überzeugen, indem er im Verkaufsgespräch gezielt Zweifel sät. Anstatt die Vorteile eines Produktes zu besprechen, wird dem Kunden subtil Angst

gemacht, die durch einen Kauf bekämpft werden kann; zum Beispiel bei Versicherungen. Auch Sekten verwenden oft einen Kreislauf aus Angstmachen und Schutz vor dem Ängstigenden, um Menschen sozial zu isolieren und an sich zu binden.
In gewisser Weise beziehen sich unsere Ratschläge hier auch auf diese Arten von Brandschutz. Wer mit eigenen Emotionen besser umgehen kann, wird auch weniger leicht zum Opfer von Menschen, die unsere Emotionen gegen uns einsetzen wollen.

Stellen wir uns, zur Abwechslung von diesen Feuer-Bildern, doch einmal einen Otter vor, der sich vergnügt auf einem kalten Fluss treibend das Fell putzt. Er verteilt Fett gleichmäßig in seinem Pelz und hält ihn in Schuss, damit der seinen Besitzer weiterhin zuverlässig vor der Kälte schützen kann. Fellpflege ist besser als Frieren. Sie tut gut und entspannt.

Diese Menschen, von denen wir weiter oben gesprochen haben; die scheinbar unerschütterlich sind und nicht aus der Ruhe zu bringen. Die haben sinngemäß ein dickes Fell. Und das sagen wir ja manchmal auch so als Metapher. In diesem Abschnitt geht es nun darum, wie Sie durch das gezielte Pflegen verschiedener Aspekte Ihrer Persönlichkeit ein so dickes Fell bekommen, dass Sie Ihre Feuerlöscher nach Möglichkeit nie einsetzen müssen.

Menschen haben Bedürfnisse. Die haben wir auch dann, wenn wir uns dieser Bedürfnisse nicht bewusst sind. Wenn wir uns unwohl und wenig belastbar fühlen, dann liegt das mit größter Wahrscheinlichkeit mit daran, dass eines oder mehrere unserer Grundbedürfnisse vernachlässigt wurde. Wenn man da nicht aktiv nachforscht, kann sich das als diffuses Gefühl von Schwäche, Empfindlichkeit oder emotionaler Dünnhäutigkeit äußern. Besonders problematisch wird es, wenn man sich an dieses Gefühl gewöhnt und denkt, „ich bin eben so". Deshalb haben wir jetzt hier für Sie ein Werkzeug, mit dem Sie sich zukünftig an den Fingern abzählen können, wo Sie Ihr Fell gerade pflegen sollten: Das Zehn-Finger-System. (Wir haben es für internationale Anwender *Ten Fingers Needs Based Test,* TEFNEBAT, genannt, auf deutsch *Zehn Finger Bedürfnisorientiertes Selbstdiagnosewerkzeug,* ZEFIBOS)

Wann wende ich das ZEFIBOS an?

Immer, wenn Sie sich „eher so mittel" oder gar nicht wohl fühlen – oder, wenn Sie gerade spontan Lust haben, in Ihre Widerstandskraft und Ihr Wohlbefinden zu investieren – dann können Sie jetzt einfach Ihre Hände hernehmen, um einen Blitz-Check zu machen. Das Zehn-Finger-System ist eine deutlich erweiterte Version eines Modells, das Eckart von Hirschhausen einmal vorgestellt hat.

Wie wende ich das ZEFIBOS an?

Halten Sie sich Ihre linke Hand vors Gesicht und schauen Sie auf die Handfläche. Gehen Sie nacheinander die Finger durch und fragen Sie sich:

„Wann habe ich das letzte Mal getrunken?"

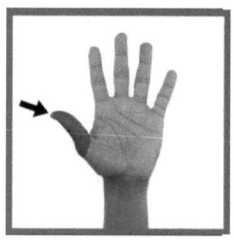

An der Stelle hat Mario von Studenten auch schon mal Lacher bekommen. Daher betonen wir an dieser Stelle: es geht um *Flüssigkeitszufuhr*, nicht um Alkohol als Stressbewältigungs-Strategie. Um Alkohol als Instrument zur Selbstregulierung geht es im Anschluss an dieses Kapitel.

Alltagstipp: Im Homeoffice immer ein offenes Glas oder eine Tasse mit Saftschorle, Wasser oder Tee in Griffweite haben. Kaffee gilt ebenfalls!

„Wann habe ich das letzte Mal gegessen?"

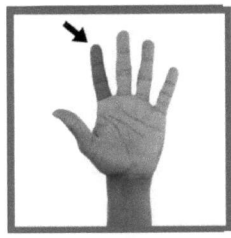

Achtung, die Rede ist von einer *ordentlichen Mahlzeit.* Drei Gummibärchen und ein halbes Würstchen sind keine Mahlzeit. Eine Mahlzeit erkennen Sie daran, dass sie über Stunden hinweg ein Sättigungsgefühl erzeugt. Wenn die evolutionär alten Teile Ihres Gehirns das Gefühl haben, dass Sie verhungern könnten (und diesen Teilen sind Ihre Argumente und Versprechungen *egal*), dann werden diese Teile Ihnen die ganze Zeit subtil auf die Nerven gehen und Sie werden *hangry.* Das Wort bezeichnet erhöhte Reizbarkeit und fehlende Belastbarkeit durch Hunger. Deshalb: So essen, dass Sie nicht gleich wieder Hunger haben.

„Wann hatte ich das letzte Mal Bewegung?"

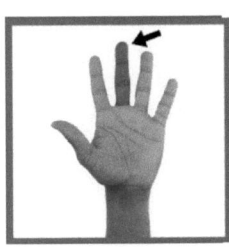

Unsere Körper sind nicht darauf ausgelegt, zehn oder mehr Stunden am Tag zu sitzen. Unser Appetit aus der Urzeit ist nicht darauf ausgelegt, dass wir quasi unbegrenzt Zugang zu Torten, Schokoriegeln und Limonaden haben. Genauso wenig ist unser muskuläres „Abschaltsystem" darauf ausgelegt, dass wir *nie* etwas zu Essen fangen und *nie* vor etwas wegrennen müssen. Im Körper gilt „use it or lose it" – das heißt, alles, was nicht regelmäßig gebraucht wird, wird abgeschaltet oder heruntergefahren. So, wie unser Gehirn Ungenutztes vergisst, schaltet es auch die Muskelfasern wenig betätigter Muskeln ab, weil die sonst „unnötig" Kalorien verbrennen.

Die Folge einer „Office-Domestizierung" ist eine Muskulatur, die einem Büroalltag gerade so noch gewachsen ist und die den Körper bei besonderen Beanspruchungen (plötzliches Ausweichen, Stürze, Kollisionen, dem Heben schwerer Sachen) nicht mehr schützen kann. Außerdem gibt unser gestärkter oder vernachlässigter Körper uns auch ein Grundgefühl von Kraft oder Ohnmacht, je nachdem, in welchem Zustand er ist. (Details hierzu finden Sie bei den *Feuerlöschern* im Anhang) Dem Körper macht es keine Freude, achtlos in der Garage vor sich hinzurosten und seine eigene Verwahrlosung, seinen Verfall zu begleiten. *Bewegung* gilt dann, wenn Sie zwei dieser drei Bedingungen erfüllen: rote Wangen, schweres Atmen, ordentlich Schwitzen.

Alltagstipp: Tun Sie, wozu Ihr Körper fähig ist! Spüren Sie ihn! Ignorieren Sie Rolltreppen und Aufzüge und steigen Sie Treppen. Nach weniger als zwei Wochen ist das für Sie völlig normal geworden. Finden Sie Freude an (mehr) Bewegung. Haben Sie innerhalb von fünf Metern vom Arbeitsplatz etwas, wo Sie sich spontan bewegen können: Yogamatte, Klimmzugstange, Sprossenwand, kleine Hanteln. Immer, wenn Sie auf die Toilette müssen, investieren Sie 20 Sekunden, um Kniebeugen, Liegestütze oder *irgendetwas* zu machen. Ihre raschen Fortschritte werden Ihnen Spaß machen und das Zustandssignal, das Ihr Körper Ihnen sendet, wird immer freudiger, Ihr Gemüt sonniger.

Achten Sie gerade bei der Motivation zu Bewegung darauf, sich die Latte nicht zu hoch zu hängen. Weder müssen Sie einen Fünftausendmeterlauf absolvieren, noch zu einem Eliteturner werden. Eine gute Haltung für den Anfang ist „besser als nichts." Wenn Sie sich dazu durchgerungen haben, etwas zu machen, aber die Lust noch nicht so weit trägt, hadern Sie nicht mit sich. Sie haben etwas getan und das war besser als nichts. So bestätigen Sie sich emotional, freuen sich zurecht und haben nächstes Mal vielleicht wieder Lust auf eine Kleinigkeit, wenn Sie an den Hanteln vorbeikommen, anstatt Angst davor zu haben, wieder mit sich selbst zu schimpfen. Und diese Lust auf mehr ist der springende Punkt dazu, vielleicht nach und nach mehr zu machen und die Freude daran zu behalten. Halten Sie einmal kurz inne und fragen Sie sich: Wo könnte dieser Bewegungsort innerhalb von fünf Metern bei Ihnen sein?

Wie wenig ausreichen kann für eine dauerhafte Veränderung, zeigt eine Studie von Shigeru Sato aus dem Jahr 2022: Menschen, die untrainiert waren, trainierten für *drei Sekunden pro Tag,* fünf Tage die Woche – kein Scherz. Das reicht, um einmal ein schweres Gewicht sinken zu lassen oder sich einmal aus der Klimmzughaltung herabzulassen. Fertig. Effekt? Nach vier Wochen hatten die Teilnehmenden 12 Prozent mehr Muskelkraft. Unsere Muskulatur spricht also wirklich sehr schnell an. Diese Trainingsroutine dauert *eine Minute pro Monat*. Übungen, bei denen man dem Gewicht langsam nachgibt und den Muskel dabei in die Länge ziehen lässt, waren die effektivsten. Drei Sekunden!

„Wann habe ich das letzte Mal geschlafen?"

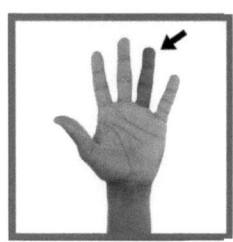

Schlaf ist ein derart zentrales Thema, dass er einen eigenen Abschnitt bekommt. In Deutschland werden etwa 2000 Auffahrunfälle und knapp 50 Milliarden Euro Wirtschaftsschaden pro Jahr auf Übermüdung zurückgeführt – mehr, als Deutschland 2021 für Verteidigung ausgegeben hat.

Regelmäßig schlechter Schlaf begünstigt und verschlimmert praktisch alle bekannten psychologischen und psychiatrischen Leiden. Wenn Sie nur eine einzige Sache aus diesem Buch mitnehmen, dann, dass Sie regelmäßig gut schlafen sollten. Wie Sie Ihren Schlaf verbessern können, kommt im nächsten Kapitel.

„Wann habe ich das letzte Mal geschlafen → mit wem und warum?"

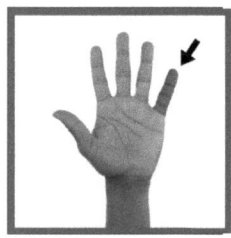

So formulierte es Eckart von Hirschhausen in seinem Bühnenprogramm. Körperliche Nähe und Zweisamkeit sind ebenso wie die anderen vier genannten Bedürfnisse zentrale Grundpfeiler menschlicher Zufriedenheit. Alle diese Bedürfnisse haben wir allein schon deshalb, weil wir Körper haben. Innigkeit und Nähe sind eine der schönsten Arten, das Motto „get high on your own supply", also „sich mit Bordmitteln berauschen", umzusetzen. Unser Körper belohnt uns auf die wundervollste und verträglichste Art, wenn wir ihm guttun. Wer weitgehend darauf verzichtet, durch zugeführte Substanzen zu schummeln und damit dem Körper die *Illusion* von wohltuendem Verhalten vorzugaukeln, lebt dauerhaft glücklicher und gesünder. Der schönste Rausch ist einer, den sich der Körper verdient hat.

Die Bedürfnisse der linken Hand kommen im Zehn-Finger-System zuerst dran, weil sie die dringendsten sind. Wichtig sind alle zehn, aber diese fünf werden sich als erste bemerkbar machen, wenn sie vernachlässigt werden. Kommen wir zur rechten Hand und den Bedürfnissen, die wir haben, weil wir soziale Wesen, Rudeltiere, schöpferische Wesen sind. Schauen Sie also auf die Fläche Ihrer rechten Hand und gehen Sie wieder nacheinander die fünf Finger durch.

Exzellenz: „Worin bin ich richtig gut?"

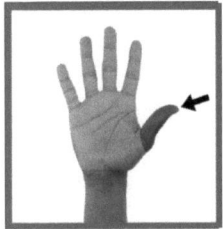

Menschen brauchen das Gefühl, in etwas gut zu sein *und darin noch besser zu werden*. Das Gefühl, Exzellenz und Meisterschaft immer näher zu kommen. Wir wollen Fortschritt sehen bei uns, erblühen, sehen, dass es voran geht. Das können Sie in jedem Lebensfeld verwirklichen, in dem Sie möchten – ob bei der Arbeit, beim Sport, einem Instrument, in der Malerei, Theater, Tanz, Sudoku, Schach oder einem anderen Hobby.

Sie können selbstredend auch mehrere Quellen für dieses Erlebnis haben; man soll ja nicht alle Eier in ein Nest legen. Entscheidend ist, dass es etwas ist, das Ihnen etwas bedeutet. Das Teil Ihrer Identität ist. Finden Sie einmal heraus, welche Fähigkeiten und Fertigkeiten für Sie wirklich zählen. Und ob Sie diesen Dingen auch so viel Zeit einräumen, wie Sie möchten. Wenn diese Fähigkeit für andere auch etwas zählt: umso besser!

Wenn Sie eine Gewohnheit einführen und aufbauen wollen, empfiehlt Autorin Adrienne So, die „Reibung zu reduzieren." Also zum Beispiel die Sporttasche gepackt neben der Türe zu parken, damit man jederzeit zum Sport aufbrechen kann und die Überwindung möglichst gering ist.

> Übrigens kann man Unliebsames auch durch *Erhöhung* der Reibung reduzieren:
> Eine Studie zeigte, dass der Konsum von Süßigkeiten im Haushalt um 80 Prozent sinken kann, wenn man diese so lagert, dass sie schwer zu erreichen sind, etwa im Hochschrank oben, wo man evtl. sogar einen Schemel braucht, um heranzukommen.

James Clear spricht sich in seinem 2018 erschienenen Buch *Atomic Habits* gegen das Setzen von Zielen aus. Wer sich als Ziel setzt, einen Marathon zu laufen hat stets vor Augen, wie viel ihm noch *fehlt*. Die nur langsam schrumpfende Restdistanz zum angestrebten Ziel immerzu vor Augen zu haben, kann frustrierend wirken.

Stattdessen rät er dazu, sich *ein System aufzubauen, das die Durchführung der neuen Gewohnheit überhaupt ermöglicht und dann möglichst erleichtert.* Und dann die neue Gewohnheit einfach zu tun. Regelmäßig. Ein Vorsatz lässt sich viel leichter umsetzen, wenn man die reale Möglichkeit dafür schafft, den Vorsatz ohne großen Aufwand umzusetzen.

Machen Sie im Kalender jeden Tag ein rotes Kreuz, wenn Sie die neue Gewohnheit durchgeführt haben, empfahl Comedian Jerry Seinfeld einst einem Kollegen. Die Kette aus Kreuzchen zu brechen wäre schade, und das kann uns motivieren, wenigstens *etwas* zu machen – *besser als nichts* eben.

So tut man sich zum Beispiel mit dem Schreiben leichter, wenn man einfach regelmäßig schreibt und die Freude daran erlebt, als wenn man sich das Ziel eines epochalen, 1300 Seiten starken Welterfolges auferlegt und damit permanent unter Druck setzt. Wenn man seine Sache frei nach dem Slogan eines Sportartikelherstellers *einfach macht*, kann man erleben, wie man aufblüht und seine Fortschritte genießen.

Eine weitere Methode zur Etablierung von Gewohnheiten stammt von Masaaki Imai. Er entwickelte in den 1980er Jahren die *Kaizen-Methode*, mit der Prozesse in Unternehmen eingeführt werden sollen. Die geht so:
Jeden Tag, *zur selben Uhrzeit*, nehmen Sie sich eine Minute – sechzig Sekunden – um die neue Tätigkeit auszuführen. Nicht weniger, nicht länger. So, wie für Ihren inneren Türsteher die Beschreibung einer Situation bei der Wenn-Dann-Methode

zum Auslöser wird und ihn aufhorchen lässt, ist der spezifische Auslöser hier die Uhrzeit. Jeden Tag zur selben Zeit. Legen Sie sich nicht selbst herein! *Machen Sie nur genau eine Minute.* Der emotionale Anteil von Ihnen soll nicht das Gefühl bekommen, hereingelegt worden zu sein dadurch, dass Sie nur eine Minute ankündigen und dann eine halbe Stunde daraus wird. Sie sollen nicht die Lust daran verlieren, deshalb müssen Sie aufhören, bevor Ihre Lust daran befriedigt ist. Genießen Sie den Erfolg, dass Sie es wirklich tun. Erhöhen Sie die Minute erst dann, wenn Ihnen die eine Minute viel zu langweilig ist. Und auch dann hören Sie auf, bevor Sie genug haben. So erhalten Sie sich die Lust auf die neue Gewohnheit und machen die genaue Uhrzeit zu einer *Gelegenheit* statt zu einer Pflicht. Eine Minute. Legen Sie eine genaue Uhrzeit fest, die jeden Tag geht. Und wenn Sie mögen, machen Sie danach ein rotes Kreuzchen im Kalender. So können Sie sich verschiedene Systeme aufbauen; zum Beispiel solche, mit denen Sie Ihre Exzellenz erleben und Ihre Verbesserungen erleben können. Es macht Spaß, sich das zu gönnen!

Selbstwirksamkeit: „Kann ich etwas bewegen?"

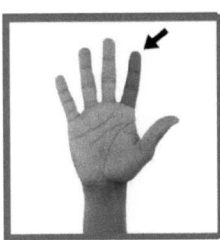

Seit Albert Banduras Publikation 1977 weiß die Psychologie, dass Menschen die Erwartung haben, mit ihren Handlungen etwas zu bewirken. Wir wollen alles Mögliche durch unser Tun aktiv gestalten und formen: Unsere Körper, unseren Geist, unsere Wohnung, Persönlichkeit, unsere Beziehungen, unsere Karriere, unsere Mannschaft oder unser Ensemble, vielleicht die Gemeinde oder durch unsere Konsumentscheidungen und politisches Engagement sogar einen größeren Teil der Welt.

Wir wollen spüren, dass wir einen Hebel haben, etwas ausrichten können, dass auf unsere Handlungen hin etwas *erfolgt.* Wir wollen unser Glück selbst schmieden, um es uns dadurch auch zu verdienen. In einer 2022 publizierten Studie des französischen Neurowissenschaftlers Romain Ligneul und anderen konnte gezeigt werden, dass wir in Bezug auf unseren Einfluss auf die Welt zwei verschiedene Perspektiven besitzen. Diese beiden Perspektiven, zwischen denen wir unbewusst springen, werden hier *actor* und *spectator* genannt, also etwa *Handelnder* und *Zuschauer.*

Stellen Sie sich vor, Sie spielten Tennis. Beim Aufschlag überlegen Sie, wohin und wie Sie den Ball spielen, also, wie Sie durch Ihre *Handlung* diesen Aspekt der Welt steuern wollen. Wenn Ihr Gegner Aufschlag hat, versuchen Sie, die Situation so genau zu *beobachten*, dass Sie ideal reagieren können. Im ersten Fall ist derjenige Teil Ihres Gehirns aktiv, der hier Handelnder heißt, im zweiten Fall dasjenige Nervennetzwerk, das Zuschauer heißt.

Eines der Ergebnisse des Experiments war dieses: Menschen nehmen die Erfahrung, dass sie etwas entweder beeinflussen konnten oder nicht mit und verwandeln sie in eine Erwartung an die Zukunft. Menschen, die in einem Experiment Einfluss auf die Gegebenheiten hatten, gingen in weiteren Untersuchungen auch zunächst davon aus, dass das wieder der Fall sein würde. Probanden, die keinen Einfluss hatten, gingen unbewusst davon aus, dass sie auch danach keinen Einfluss haben würden. Das bedeutet:

> Misserfolg und Ohnmacht können in uns die Meinung schaffen, dass wir *sowieso immer ohnmächtig* sind.
>
> Umgekehrt sehen sich Menschen, die die Auswirkungen ihrer Handlungen immer wieder erleben, sich selbst als Gestalter mit wichtigem Einfluss auf die Welt.

Menschen, die dieses Erleben von Selbstwirksamkeit über lange Zeit hinweg viel zu selten haben, geben manchmal auf. Sie sehen sich als wehrloses, ohnmächtiges Geschöpf, das willkürlichen, äußeren Kräften ausgeliefert ist. Das kann so weit gehen, dass sie aufhören, die Verantwortung für ihr eigenes Leben anzuerkennen und beginnen, sich treiben lassen. Nichts dagegen, sich treiben zu lassen, natürlich. Aber damit man das auch genießen kann, sollte es eine bewusste Entscheidung sein und darf nicht mit dem Gefühl von Unausweichlichkeit und Ohnmacht einhergehen.

Jeder Mensch kann etwas ausrichten; wenn nicht im Außen, dann mindestens im Innen. Nelson Mandela saß 27 Jahre lang in einer Zelle. Trotzdem hat er nicht zugelassen, dass er aufgibt. Er hat über all die Zeit hinweg seinen Geist und seinen Körper erhalten, ohne an den äußeren Umständen zu zerbrechen. Und wer sich selbst verändern kann, kann alles verändern. Es gibt diesen Spruch, dass Kartoffeln in kochendem Wasser weich werden, Eier aber fest. Soll heißen: Es hängt weniger an den äußeren Umständen als an einem selbst und daran, was man damit macht.

Richten Sie sich auf, innerlich wie äußerlich, und spüren Sie, welche Dinge in Ihrem Einfluss liegen. Sammeln Sie kleine Erfolgserlebnisse, bis Sie sich immer größere Dinge zutrauen. Anstatt darunter zu leiden, dass Sie die Welt nicht aus den Angeln heben können, schauen Sie auf die Dinge, die Sie beeinflussen, gestalten, bewegen können und tun Sie die. Wenn Sie ins Tun kommen, wird die Sphäre Ihres Einflusses unweigerlich immer größer werden. Schaffen Sie sich auch hier ein System, bei dem Sie Ihre gestalterische Kraft einsetzen können.

Autonomie: „Wo bin ich unabhängig?"

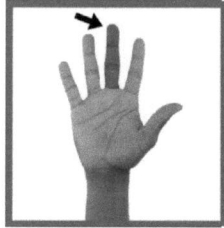

Autonomie wird hier absichtlich durch den rechten Mittelfinger repräsentiert. Unabhängigkeit zu erleben ist für Menschen wichtig. Wir müssen einfach auch mal unser eigenes Ding machen, auf unsere Weise, in unserem Tempo, ohne, dass uns jemand reinquatscht.

Egal, was Ihr Baby ist – das Bastel-Auto in der Garage, Kuchenbacken, ein Kurztrip oder eine Reise auf eigene Faust, ein Kunstprojekt – pflegen Sie es. Legen Sie sich unbedingt mindestens ein solches Baby zu. Es muss etwas sein, was Sie alleine schaffen oder erschaffen. Was es nicht sein muss ist *riesig* oder *schwierig*; aber eben etwas, das Sie eigenverantwortlich machen und bei dem Sie erleben, dass Sie nicht auf andere angewiesen sind.

Sie können Origami-Kraniche falten oder eigenständig herausfinden, wie das geht. Alles über das Leben Albrecht Dürers herausfinden, Rezepte ausprobieren, einen Spaziergang ohne vorher geplanten Weg machen oder Sendungen in anderen Sprachen ansehen. Bestimmen Sie selbst!

Beziehung: „Zu wem gehöre ich?"

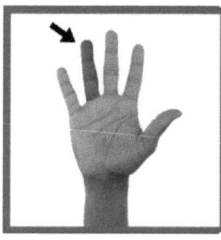

Der Ring-Finger: Unser Bedürfnis nach Verbundenheit und Dazugehören steht in Kontrast zum eben beschriebenen Autonomie-bedürfnis. Das zeigt, dass man nicht alle Bedürfnisse auf einmal stillen kann – jedes hat seine Zeit.

Menschen sind Rudeltiere. Verbundenheit gibt uns über das Hormon Oxytocin das Gefühl, sicher zu sein, während Andeutungen, an den Rand des Rudels gedrängt oder gar ausgestoßen zu werden, (wie zum Beispiel Spott, eine schlechte Note vom Lehrer zu bekommen, Beschimpfungen oder Mobbing) zielsicher Urängste beim Menschen wecken.

Wir wollen romantische Beziehungen, familiäre Beziehungen und Freundschaften. Wir wollen Teil von Mannschaften sein, von Teams, Cliquen, Berufsständen, Bands, Vereinen, Communities, Interessengemeinschaften, Bewegungen, Szenen und Clubs. Wir wollen angesehene und gefragte Mitglieder eines, oder, viel häufiger, verschiedener Rudel sein.

Wer in verschiedenen Rudeln ist, kann mehr seiner Talente zeigen und kultivieren und ist gleichzeitig weniger verunsichert, wenn die Stabilität eines der Rudel durch Konflikte destabilisiert wirkt.

Unterschiedliche *Arten* von Beziehungen zu pflegen fördert und fordert unseren Geist auf unterschiedliche Arten. Soziale Kontakte schützen im Alter mehr vor Senilität und den Auswirkungen von demenziellen Erkrankungen als jede andere Betätigung! (Auf Platz zwei und drei kommen „Freude an Bewegung" und „Ernährung").

Es kommt aber nicht auf die Menge der Kontakte an. Studien zeigen zwar, dass wir auch von „Freunden" in den Sozialmedien Rückhalt und Bestätigung erleben. Der britische Psychologe Robert Dunbar fand aber heraus, dass wir ungeachtet der Zahl unserer Kontakte ohnehin die meiste Zeit dort mit unseren 15 engsten Freunden verbringen. Und die Erfüllung, die wir mit einer Handvoll tiefer, bedeutungs- und vertrauensvoller Beziehungen erleben, kann dadurch auch nicht ersetzt werden.

Wie kann man Beziehungen stärken? Hier helfen drei Fragen weiter:

1. Was kann ich tun, um die Situation für mich selbst ein Bisschen besser zu machen?
2. Was kann ich für andere Menschen tun, um deren Situation ein kleines Bisschen besser zu machen? Und:
3. Wer kann mich dabei unterstützen?

Die erste Frage stärkt Ihre Beziehung zu sich selbst. Sie verdienen, dass es Ihnen gut geht. Sie verdienen Ihre eigene Aufmerksamkeit und Fürsorge.

Wenn wir das Fundament unserer Bedürfnispyramide gestärkt haben, kommen uns Dinge wie Wachstum, Beitrag und Bedeutung in den Sinn. Ein Weg, diese Bedürfnisse anzugehen, ist sich einzugestehen, dass wir nicht alles allein machen müssen.

Wenn Sie sich jetzt umschauen, was gibt es direkt in Ihrer Umgebung, das Ihnen eine Unterstützung sein kann? Vielleicht ist dort ein Kissen, dass ihren Rücken stärkt, ein paar wärmere Socken im Schrank oder vielleicht sogar eine Möglichkeit, den Tag eines anderen Menschen schöner zu gestalten.

Menschen tendieren dazu, unseren Blick auf uns selbst unreflektiert zu übernehmen. Wenn wir uns um uns selbst kümmern, auf uns achtgeben und uns selbst als liebenswert behandeln, dann tun es oft andere Menschen mit uns scheinbar wie von selbst auch.

Sollten Sie gerade keine Idee haben, wie Sie den Tag eines anderen Menschen schöner gestalten können, sind ehrliche Komplimente oder eine Einladung zu einer Tasse Kaffee ein guter Start. Die meisten Menschen sehnen sich danach, gesehen und gehört zu werden. *Interesse erzeugt Interesse.* Wenn wir anderen diese Geschenke machen, beschenken wir uns gleichzeitig selbst.

Das ist unserer Meinung nach auch die eigentliche Bedeutung von *Karma*: Nämlich nicht, dass es irgendwann ein „ausgleichendes Leid" für Übeltäter geben wird oder dass irgendwo in einem anderen Leben eine Belohnung für gutes Verhalten lockt. Sondern, dass es jetzt, in diesem Augenblick, angenehmer ist, in einem gütigen, warmherzigen, hilfreichen Menschen zu stecken und die Welt durch seine Augen zu sehen als Missgunst, Gemeinheit und Niedertracht aus der Egoperspektive zu erleben.

Es gibt dieses Internet-Memes über *Instant Karma*, also dass Leuten, die gemein sind, praktisch sofort etwas Kleines zustößt, als wäre es eine Form kosmischer Rache. Wir glauben, dass Karma immer „instant", also, sofort, ist.

Ed O'Brien und Samantha Kassirer haben 2018 in zwei Studien gezeigt, dass *Schenken* uns nachhaltiger glücklich macht als *beschenkt zu werden.* Offenbar wird unsere Seele immer reicher, je mehr wir verschenken.

Sinn: „Wozu das alles?"

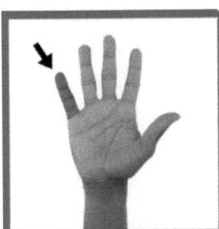

Die Sehnsucht nach einem Grund, nach einer Bedeutung für das eigene Tun und die eigene Existenz scheint auch etwas zu sein, das uns Menschen vom übrigen Tierreich abhebt und zutiefst bewegt. Die Suche nach Sinn oder sogar *dem* Sinn zieht sich durch sämtliche Literaturkulturen der Menschheit.

In *Die vier Säulen eines erfüllten Lebens* nennt Emily Smith diese vier Wege zu Sinn:

Sich zugehörig fühlen,
Die eigene Bestimmung finden,
Die Welt durch Geschichten verstehen und
Sich als Teil eines größeren Ganzen erfahren.

Wo gehören Sie dazu? Was ist Ihre Bestimmung? Durch welche Geschichten haben Sie zuletzt etwas über die Welt gelernt? Und was ist das große Ganze, von dem Sie Teil sind? Sie müssen auf diese Fragen keine wie aus der Pistole geschossenen Antworten haben. Vielleicht müssen Sie auch nicht auf alle diese Fragen Antworten finden. Aber es ist gut, sich diese Fragen manchmal zu stellen. Frei nach Yuval Harari: *Bei Religion geht es um Antworten. Bei Spiritualität geht es um Fragen.*

Oft tragen die Entscheidungen, die wir im Leben treffen, *entweder* zu einem angenehmeren Leben bei *oder* zu einem bedeutungsvollen Leben. Hier eine Balance zu finden, trägt sicher zu einer tiefen Befriedigung des Sinn-Bedürfnisses bei. Wer sich auf eine Seite festlegt, also entweder *nur angenehm* oder *nur bedeutungsvoll*, riskiert, am Ende seines Lebens nur für andere gelebt zu haben – oder nur für sich selbst.

Sinn ist ein Grundbedürfnis von Menschen, aber keines, dem man sich bei jedem Handgriff stellen muss. Vielmehr sollte man gelegentlich einmal in die Vogel- oder Satellitenperspektive wechseln und schauen, in welche Richtung der kleine Mensch dort unten eigentlich unterwegs ist. Und ob diese Richtung sich mit dem vereinbaren lässt, was dieser Mensch sich einmal für sein Leben vorgenommen und erhofft hat. Oder ob die Wünsche sich inzwischen vielleicht verändert haben.

In seinem Buch *Drive* schrieb Daniel Pink 2009 über intrinsische Motivation. Er schlägt folgende drei Punkte vor:

1. Autonomie
2. Exzellenz
3. Einen starken Grund

Diese entsprechen dem rechten Mittelfinger, Daumen, und kleinem Finger in unserem Zehnfingersystem.

Stellen Sie sich eine Person vor, die ausgeschlafen ist, vorhin richtig gut gegessen hat und jetzt, nach dem Sport, gerade mit ihrem liebsten Menschen Zeit verbringt. Eine Person, die mit ihrem Herzensprojekt gut vorankommt, gerade ein neues Lied auf ihrem Instrument gelernt hat und bei ihren Freunden, im Sportverein und im Büro gerngesehen und angesehen ist. Können Sie sich vorstellen, dass dieser Person regelrecht die Sonne zwischen den Backenzähnen heraus scheint und dass es wirklich viel braucht, um sie aus der Ruhe zu bringen?

Zumindest mehr als bei einer anderen fiktiven Person, die übermüdet und hungrig ist und sich, weil sie sich deswegen kaum konzentrieren kann, im Job und im Privatleben nur so von Tag zu Tag durchwurschtelt, niemanden hat, ohne Besserung in Sicht. Das klingt plausibel, oder?

Es gibt dieses Gleichnis von einem Holzarbeiter mit einer stumpf gewordenen Säge. Jeden Tag schuftet er sich mit seiner stumpfen Säge ab und schwitzt dabei und bekommt schon Schwielen an den Händen. Trotzdem schafft er immer weniger Holz zu schneiden. Da kommt jemand vorbei und fragt, warum er seine Säge denn nicht schleift. Worauf er erwidert, dafür habe er keine Zeit; zu viel Arbeit.
Machen Sie das nicht. Halten Sie Ihre Säge in Schuss. Pflegen Sie Ihren Körper und Ihre Psyche. Es wird Ihnen *alles* leichter fallen, wenn Sie sich um diese zehn Bedürfnisse zumindest

gelegentlich kümmern. Und zwar auch dann, wenn einmal ganz viele andere Dinge dringend erscheinen. Für den richtigen Umgang mit wichtigen und mit dringenden Aufgaben stellen wir Ihnen weiter unten die Eisenhower-Matrix und die Ivy Lee-Methode vor.

Trigger und Glimmer

Es gibt noch eine weitere Art, wie Sie sich im Alltag stärken können. Und das, ohne sich extra Zeit dafür nehmen zu müssen. Vielleicht haben Sie das Wort „Trigger" schon einmal gehört. Trigger sind Reize, die bei uns aufgrund früherer Erlebnisse Ängste oder intensive, fordernde Emotionen hervorrufen. Natürlich ist es von Vorteil, die eigenen Trigger zu kennen. Zum einen kann man sie dann vermeiden, wenn man gerade nicht den Nerv für eine Auseinandersetzung mit ihnen hat. Zum anderen gewinnt man wertvolle Zeit: Wenn Sie auf einen Trigger stoßen, der bei Ihnen zum Beispiel eine körperliche Angstreaktion hervorruft und Sie diesen Trigger bereits kennen, dann können Sie den *Beginn* der Angstreaktion bemerken und bereits darauf reagieren (zum Beispiel mit einem der Feuerlöscher aus dem Anhang), bevor die Reaktion Ihren Körper überwältigen kann. So erklärte es Traumatherapeutin Eva Barnewitz 2022 in einem ihrer Vorträge. Zu Triggern gibt es aber noch ein weitaus weniger bekanntes Gegenstück, das sich ebenfalls zu kennen lohnt: Glimmer.

Glimmer sind deshalb das Gegenteil von Triggern, weil sie ebenfalls Emotionen triggern; aber eben solche, die als positiv erlebt werden. Zum Beispiel das Gefühl der Sonne auf der Haut, ein freundliches Gesicht, Sternenhimmel, ein Lagerfeuer oder der Duft von Kaffee. Im Grunde alles, das Freude, ein Gefühl überwältigender Schönheit oder Zugehörigkeit auslöst. *Trigger* und *Glimmer* sind beides Begriffe, die von der Therapeutin und Publizistin Deb Dana in *Die Polyvagaltheorie in der Therapie* vorgestellt wurden. Die Psychologin Dr. Justine rät Menschen dazu, Glimmerjäger zu werden. Also, die Augen und Sinne offen zu halten, um diese Auslöser schöner Gefühle bewusst wahrzunehmen und zu verstärken. So können Glimmerjäger für dreißig Sekunden den ventralen, also vorderen Vagusnerv aktivieren. Dadurch wird ein Gefühl von Bodenständigkeit und Verbundenheit erzeugt, das sehr entspannend und wohltuend ist. Es oft zu erleben, schenkt Leichtigkeit und Lebensfreude – und macht gleichzeitig robuster. Glimmerjagd: Ihr neues Hobby für die nächsten fünf Tage?

In diesem Abschnitt ging es darum, wie man sich mental wetterfest und seine geistige Wohnung brandsicher macht. Wenn Sie hier investieren, auch vielleicht erst einmal mit kleinen Schritten, können Sie eine Aufwärts-Spirale in Gang setzen und einer von diesen unerschütterlichen Menschen werden. Um den Aufbau von *Resilienz* als Puffer gegen Stressoren geht es auch weiter unten noch einmal ausführlich im gleichnamigen Abschnitt.

Alkohol als Selbstregulierungs-Strategie

Vielleicht sind Sie überrascht, ein solches Kapitel in diesem Buch zu finden. Alkohol ist ein heikles Thema, weil es sich bei Alkohol um ein Gift und um eine bewusstseinstrübende Droge handelt, die bei uns aber legal und allgegenwärtig ist. Trotz der Legalität von Alkohol gibt es für ihn, ebenso wenig wie für illegale Drogen, offizielle Hinweise zu einem geregelten Einsatz oder Genuss. Es wird zwar gemahnt, man möge Alkohol in Maßen, verantwortungsvoll und genussorientiert zu sich nehmen, aber so richtig erklärt wird es nicht. Gleichzeitig empfiehlt die WHO komplette Abstinenz, weil laut einer Vielzahl von ausgewerteten Studien die bedenkenlose Menge Alkohol *null Milligramm pro Tag* beträgt. Ethanol ist, rein biologisch gesprochen, einfach ein Gift. Deswegen konnte man damit historisch ja auch Dinge konservieren: Mikroorganismen sterben sehr viel schneller an Alkohol als wir. Im Mittelalter waren im Grunde nur Most und Bier sichere Getränke; Wein war den Reichsten vorbehalten und wurde zum Ausspülen von Wunden verwendet.

Heute stirbt in Deutschland alle sieben Minuten ein Mensch an den Folgen des Alkoholkonsums; deshalb möchten wir ein paar Sätze dazu sagen.

Alkohol wirkt zunächst gefäßerweiternd und anregend, die Durchblutung steigt. *Nach* der Anwendung ziehen sich die Blutgefäße jedoch zusammen und sorgen bei regelmäßigem Alkoholkonsum für verengte Gefäße und Bluthochdruck. Alkohol dämpft die Ausschüttung des *Angsthormons* Cortisol und wirkt deshalb entspannend. Deshalb kann man sich auch „Mut antrinken", weil man angetrunken eben weniger Angst spürt. Wir haben weiter oben gesehen, dass Angst eine Pflicht-Zutat für Stress ist. Alkohol hilft also *akut* dabei, Stress zu reduzieren.

Alkohol enthemmt auch; er ölt gewissermaßen unsere Bremse – und das mit vergleichbaren Konsequenzen: Wir können schlechter bremsen, aber dafür wird auch der Abrieb im System geringer. Dann gibt es noch einen Punkt, auf den Neurobiologe Gerald Hüther in diesem Zusammenhang hingewiesen hat: Unser Gehirn verbraucht etwa 20 Prozent unseres gesamten Energiedurchsatzes und versucht aus evolutionären Gründen, Energie zu sparen. Wenn wir jetzt mit einer Droge die inneren Widerstände kurzfristig lösen und dadurch der Energieverbrauch im Gehirn sinkt, dann fühlt sich das für unser Gehirn an, als würden wir im Auto in einen höheren Gang schalten. Die Drehzahl sinkt und mit ihm der Spritverbrauch. Das bemerkt unser Gehirn und sagt sinngemäß: *Oh, das war gut, das spart Strom, das machen wir nächstes Mal wieder.* Unser Belohnungssystem reagiert auf die Energieersparnis. Nächstes Mal brauchen Sie für denselben Effekt eben etwas mehr, vor allem, wenn Sie das regelmäßig machen. Unserer Gehirne sind nicht darauf optimiert, abstrakte Informationen zu verarbeiten und in Form von Statistiken und Langzeiteffekten zu denken. Darum haben Kenntnisse über die Langzeitfolgen von Drogen wie Alkohol im Moment der Entscheidung oft wenig Einfluss. Es spricht im Grunde nichts dagegen, Alkohol akut einzusetzen, um sich zu entspannen. Es gibt jedoch zwei massive Risikofaktoren, die man dabei berücksichtigen muss. Der eine ist die Coping-Palette.

Risikofaktor eins: Die Coping-Palette

Die Coping-Palette (von engl. *Coping*, Bewältigung) ist die Gesamtheit von Selbstregulierungs-Mechanismen, über die ein Mensch verfügt; also die Menge der Methoden, die man hat, um mit Belastungen aller Art umzugehen. Sie ist wie eine Farbpalette: Je mehr verschiedene Farben Sie zum Malen haben, desto mehr Möglichkeiten und Auswahl haben Sie. Je mehr verschiedene Arten Sie kennen, um Druck abzulassen und sich zu entspannen, desto besser. Erstens will man ja Vielfalt in seinem Leben. Und zweitens hat man bei zwanzig verschiedenen Tätigkeiten weniger schnell „zu viel des Guten" als bei einer einzigen.

Eine Risikogruppe für Alkoholismus sind junge Männer. Wenn Menschen in der Pubertät bemerken, dass sie sich mit Alkohol schnell und zuverlässig entspannen können und keine anderen Coping-Mechanismen haben, dann wird sehr schnell der Zusammenhang zwischen Stress und Alkoholkonsum hergestellt. Und wenn die *einzige* Antwort eines Menschen auf Stress eine Droge ist, dann führt Stress direkt in die Abhängigkeit, insbesondere in Kombination mit dem oben genannten Risikofaktor Nummer zwei. Und der heißt: Einsamkeit.

Risikofaktor zwei: Einsamkeit und der Rat Park

Bruce K. Alexander führte in den 1970er Jahren Experimente mit Ratten durch, in denen er zeigen wollte, dass Ratten in einer erlebnisreichen Umgebung und mit vielen sozialen Bindungen nicht so leicht morphinsüchtig werden wie isolierte Mäuse. Diese Studien um den *Rat Park*, eine Art Rummelplatz für Ratten, wurden sehr oft zitiert, obwohl sie wissenschaftlich wohl nicht haltbar sind, weil ihre Ergebnisse nie reproduziert werden konnten. Erst im Jahr 2007 gelang es Zhiwei Xu mit einer Studie an Mäusen, einen ähnlichen Effekt nachzuweisen: Mäuse in einer abwechslungsreichen Umgebung waren weniger anfällig für Morphinsucht als Mäuse in öden Umgebungen.

Einsamkeit ist eines der größten Tabuthemen unserer Zeit und gesellschaftlich geben wir oft den vereinsamten Individuen die Schuld für ihre Einsamkeit. Die Kombination von fehlenden Sozialkontakten und die Verfügbarkeit von Alkohol und anderen Drogen ist fatal, oftmals wortwörtlich. Wer keine anderen Menschen hat, kein Netzwerk zur Regulierung von außen (hierzu weiter unten mehr), kann für die Selbstregulierung auf Drogen angewiesen werden, was natürlich einen Teufelskreis aus Ängsten, Isolation und wachsender Abhängigkeit in Gang setzen kann. Einsamkeit macht Menschen anfälliger für eine Vielzahl von psychischen Belastungen. Die US-amerikanische Gesundheitsbehörde hat ermittelt: für Gesundheit und Sterblichkeit ist Einsamkeit genauso schlecht wie Rauchen.

Wenn Sie also auch mal Alkohol verwenden wollen, um sich zu entspannen, sorgen Sie nach Möglichkeit dafür, dass es nicht aus Frustration passiert, nicht allein, nach Möglichkeit nicht mehrmals die Woche und nicht als Ersatz für andere, erfüllende Entspannungsmöglichkeiten. Wenn es irgendwie geht, brechen Sie höchstens eine dieser Regeln, nicht mehrere zugleich.

Dieser Abschnitt war ein kleiner Exkurs aus dem Thema, wie man mit gesunden Gewohnheiten und dem Achten auf die eigenen Bedürfnisse die Inneneinrichtung der Persönlichkeit feuerfest machen kann. Zu den absolut zentralen Bedürfnissen gehört, wie wir weiter oben erwähnt haben, auch Schlaf. Deshalb möchten wir diesem Punkt wie versprochen einen eigenen Abschnitt widmen und mit einem Selbstdiagnose-Werkzeug einsteigen:

Wie fit bin ich heute?

Machen wir einen kleinen Schnelltest. Es folgt eine kurze Serie von Aussagen. Wenn Sie sie lesen, überlegen Sie kurz, ob die Aussage *heute* für Sie zutrifft. Für jede Aussage, die zutrifft, bekommen Sie einen Punkt. Sie können, falls Sie die Hände frei haben sollten, mit den Fingern zählen, dann haben Sie mehr Konzentration für die Aussagen übrig. Ansonsten können Sie auch mit einem Bleistift in die jeweiligen Kästchen ein X machen und hinterher zählen. Bereit?
Los geht's!

○	Heute habe ich schon gesummt oder gesungen
○	Heute hatte ich Musik im Kopf (gemeint ist wirklich im Kopf, also nicht aus dem Radio oder anderen äußeren Quellen)
○	Heute hatte ich mehrere Ideen oder inspirierende Gedanken
○	Heute hatte ich richtig Appetit
○	Heute bin ich gut aus dem Bett gekommen… (also z.B. ohne x-mal den Snooze-Button zu drücken)
○	…und zwar mit einem Lächeln :-)
○	Heute habe ich viele Details um mich herum wahrgenommen
○	Heute hatte ich den Drang, mich zu bewegen/zu laufen/mich zu dehnen/zu trainieren
○	Heute *habe* ich mich bewegt/gedehnt/bin gelaufen/habe trainiert

○	Heute habe ich mich schon auf mehrere Dinge des kommenden Tages gefreut
○	Heute fühle ich mich zauberhaft und zum Bäumeausreißen
○	Heute habe ich laut gelacht (Achtung: in die Tastatur „LOL" oder „ROFL" tippen gilt nicht, es muss *das Geräusch aus Ihrem Mund gekommen sein*)
○	← Summe der Punkte A

Wenn Sie Ihre Punkte (richtig) gezählt haben, haben Sie jetzt zwischen null und zwölf davon. Nun kommt eine zweite Reihe von Aussagen. Auch hier gibt es wieder Punkte, bitte einfach zusammenzählen:

○	Heute fühle ich mich stumpf, benebelt und schwer
○	Heute bin ich dünnhäutig und schnell genervt (Wenn Sie sich nicht sicher sind: Stellen Sie sich vor, neben Ihnen sitzt eine Dreijährige, die sich die Seele aus dem Leib weint, weil sie statt Vanille- Schoko-Eis bekommen hat. Könnten Sie gelassen und mitfühlend sein oder würde Ihnen das unter die Haut gehen?)
○	Heute ist mir kalt oder ich bin kälteempfindlich (falls es gerade Sommer und drückend heiß ist: Stellen Sie sich vor, Sie müssten in die Kälte oder in kaltes Wasser. Hätten Sie das Gefühl, dass Ihre Körperwärme total schnell weg wäre und Sie schlottern würden?)
○	Heute kann ich mich schlecht konzentrieren oder Kopfrechnen (Stellen Sie sich vor, Sie müssten im Kopf 418 x 37 ausrechnen. Wenn Ihr Gehirn reflexmäßig „vergiss es!" zu Ihnen sagt und Sie gar nicht erst anfangen wollen, gibt's auf jeden Fall den Punkt für diese Aussage.)
○	Heute ist mir alles zu viel
○	Heute war ich lahm und eher tollpatschig (Haben Sie Sachen umgestoßen oder sind auf Dinge getreten, auf die Sie nicht drauftreten sollten?)
○	Heute hatte ich kaum Ideen oder spannende Gedanken

58

○ Heute hatte ich keine Bilder oder Musik im Kopf

○ Heute will ich einfach nur den Tag überstehen und schlafen

○ Heute will ich einfach nur in Ruhe gelassen werden

(Wenn es Ihnen am liebsten wäre, wenn Sie den Tag ohne *Leute* überstehen könnten)

○ ← Summe der Punkte B

Jetzt nehmen Sie die Punktzahl A und ziehen die Punktzahl B davon ab. Dadurch können Sie theoretisch auch in den Bereich unter null kommen; das bedeutet also nicht automatisch, dass Sie falsch gezählt haben.

Fertig! Jetzt haben Sie Ihre Ergebnispunktzahl für den heutigen Tag. Was bedeutet Ihr Ergebnis?

Punkte		Ergebnis
Unter -5	Kritisch übermüdet	Sie haben aufgrund Ihres Schlafmangels schon erhebliche Einschränkungen. Ab ins Bett! Und wenn Sie trotz Ihrer Versuche nicht schlafen können, suchen Sie bitte ärztlichen Rat.
-5 bis -2	Kaum fahrtauglich	Fallen Ihnen nicht schon manchmal die Augen zu? Sie sind völlig übermüdet und gehören ins Bett.
-1 bis +2	müde	Mussten Sie mehrmals nachzählen? Eine Pause oder ein Nickerchen würden Ihnen wahrscheinlich guttun.
3 bis 5	okay	Das sieht gut aus. Sie können heute noch das ein oder andere bewegen.
6 bis 8	gut	Es läuft bei Ihnen! Zeit, um noch ein paar Bäume auszureißen oder zu pflanzen.
9 und mehr	Läuft bei Ihnen!	Bäm! Sie rocken! Mehr Power und Inspiration gehen ja gar nicht!

Na, war das Ergebnis ungefähr das, was Sie erwartet hatten? Wenn Sie in der oberen Punkte-Hälfte gelandet sind, ist das Ergebnis vermutlich ungefähr da, worauf Sie auch getippt hätten. Falls Sie weit unten gelandet sind, kann beides passieren: Sie könnten entweder einen Treffer haben, was Ihre Erwartung angeht, oder aber total daneben liegen. Warum ist das so?

Es gibt zahllose Studien dazu, wie die Leistungsfähigkeit von Menschen durch Schlafentzug beeinträchtigt wird. Aus all den Studien kann man im Wesentlichen zwei Kern-Erkenntnisse ableiten, die wieder und wieder bestätigt wurden.

Kern-Erkenntnisse zu Schlaf

Erstens: Menschen bauen ziemlich genau proportional zu ihrem Schlafentzug in ihren Leistungen ab. Leute, denen vier Stunden pro Nacht an Schlaf fehlen, erwischt es ungefähr doppelt so schlimm wie Leute, denen nur zwei Stunden pro Nacht entzogen wurden. Und das Defizit baut sich mit jeder Schlafdefizit-Nacht weiter auf. Je mehr Schlaf fehlt, desto schlechter die Leistungsfähigkeit.

Zweitens – und das ist fast die wichtigere und dramatischere Erkenntnis: Menschen bemerken ihren Leistungsabfall nicht. Es ist nicht so, als würden sie das ein bisschen kaschieren oder denken, dass es nicht so schlimm ist, nein: sie sind *vollkommen blind* für die Einschränkungen, denen sie unterliegen. In manchen Tests wurde vor den schriftlichen Leistungstests abgefragt, für wie geistig fit die Probanden sich gerade hielten. Und stets gaben diese an, sie wären uneingeschränkt leistungs- und konzentrationsfähig. Auch diejenigen, die wenige Minuten später *über dem Test am Tisch einschliefen*. Darum könnte es sein, dass Sie sich komplett verschätzt haben, wenn Sie im unteren Bereich der *Wie fit bin ich heute*-Tabelle gelandet sind.

Diese Leute, die man auf der Straße manchmal sieht; die einen nicht anschauen, einen stumpfen Blick haben, keine Mimik, und die scheinbar kaum mitbekommen, was um sie herum vorgeht. Die angespannt und genervt wirken. Die selbst das nicht einmal bemerken. So jemand werden auch Sie, wenn Sie zu wenig schlafen.

Wenn Sie keine Fantasie mehr haben, viel weniger lachen als früher, kaum Bewegungsdrang haben und immer weniger Sie interessiert; wenn Sie keine Musik mehr im Kopf und auf den Lippen haben, dann liegt das nicht daran, dass Sie kein Kind mehr sind, sondern daran, dass Sie chronisch übermüdet sind und das für normal halten.

> Übermüdung kostet Deutschland jedes Jahr so viel wie *das Gesundheitssystem* und *Bildung und Forschung* zusammen.

Oder anders ausgedrückt: Würden alle Deutschen ausschlafen, könnte man mit dem gesparten Geld alle zwei bis drei Jahre das komplette Schienennetz in Deutschland neu bauen; oder das Kindergeld um 300 Euro pro Monat erhöhen. Fünfzig Milliarden Euro – so viel haben laut *2021 Weather, Climate and Catastrophe Insight Report* alle Naturkatastrophen auf der ganzen Welt im Jahr 2020 zusammen verursacht – mehr als in jedem Jahr zuvor. So viel kostet Übermüdung allein Deutschland jedes Jahr.

Wenn Sie an jedem freien Tag bis in die Puppen schlafen (weil Ihr Körper wenigstens ein Bisschen Schlaf aufholen will), dann wissen Sie, dass auch Sie zu wenig oder zu schlecht schlafen. Deswegen kann es sein, dass Sie Ihre Leistungsfähigkeit aufgrund von Übermüdung vollkommen falsch einschätzen. Und das ist nicht nur schade, sondern kann richtig gefährlich werden.

Die Großeltern von Ben haben ihr gesamtes Arbeitsleben nachts nur etwa vier Stunden lang geschlafen. Sie führten eine

Bäckerei und standen morgens um 3 Uhr in der Backstube, damit sie die ersten Brötchen um 6 Uhr ausliefern konnten. Ben dachte daher, dass es Menschen gibt, die nicht so viel Schlaf brauchen wie andere – bis er bei seiner Großmutter genauer nachgefragt hat. Sie erzählte, dass beide immer mittags wieder in den Federn lagen, um den Schlafverlust auszugleichen. Ein Stück weit kann man sich an weniger Schlaf gewöhnen, doch es hat stets seinen Preis.

Ganz anschaulich wurde das in dem Selbstexperiment von sieben Abenteurern in der Youtube-Serie *7 versus Wild*. Die Kandidaten versuchten sieben Tage lang unter widrigen Bedingungen allein in Schweden zu überleben. Mit jedem Tag wurde bei den Kandidaten ohne sicheren Schlafplatz und erfrischenden Nachtschlaf der mentale Verfall sichtbarer.

Übrigens hatte Ben mit seiner Vermutung trotzdem recht: Es gibt Menschen, die deutlich weniger Schlaf brauchen als der Rest von uns und die mit vier bis sechs Stunden pro Nacht topfit bleiben. Dr. Louis Ptacek und sein Team veröffentlichten 2022 eine Studie über *FNSS – Familial Natural Short Sleep*, also letztlich Familien, in denen praktisch alle sehr kurzen natürlichen Nachtschlaf haben. Die glücklichen Besitzer der entscheidenden Gene haben einen überdurchschnittlich effizienten Schlaf und sind auch in besonderer Weise gegen neurodegenerative Erkrankungen wie zum Beispiel Demenz gewappnet. Deshalb orientiert sich unser Test hier auch nicht daran, wie viele Stunden Sie schlafen, sondern wie fit Sie gerade sind.

Verwenden Sie den Ausgeschlafenheits-Test hier gerne eine Weile lang täglich. Jeder Mensch schläft *mal* schlecht. Es ist kein Problem, wenn Sie bei dem Test heute als übermüdet abschneiden. Wenn Sie allerdings regelmäßig in der unteren Hälfte herauskommen, dann besteht da Handlungsbedarf. Schlafmangel und psychische und psychiatrische Probleme begünstigen und verstärken sich gegenseitig, deshalb gibt es kaum etwas Besseres, das Sie für Ihre Gesundheit und Ihr Wohlbefinden tun können, als gut zu schlafen.

Tipps für besseren Schlaf

Wenn Ihr Schlaf nicht optimal ist, können Sie diese Dinge probieren:

Ab 12 Uhr mittags kein Kaffee mehr. (Koffein hat im Körper eine Halbwertszeit von sechs Stunden. Wenn Sie also um 15 Uhr eine große Tasse Filterkaffee trinken (150 mg Koffein), haben Sie zur Schlafenszeit immer noch mehr Koffein im Blut, als wenn Sie um 21 Uhr einen doppelten Espresso (67 mg) trinken würden. Trinken Sie am späten Nachmittag keinen Tee, keine Cola und keine Energydrinks mehr.

Mindestens eine Stunde entspannte, freudige Bewegung an der frischen Luft, besonders, wenn es kalt ist.

In der Stunde vor dem Schlafengehen kein Bildschirmlicht mehr oder nur mit starkem Blaulichtfilter. (Blaues Licht hat vom sichtbaren Licht die höchste Energie. Unsere dritte Netzhautschicht reagiert darauf und hemmt über das Hormon *Melanopsin* die Ausschüttung von Melatonin. Effekt: Sie werden nicht müde. Rotlichtfilter sind bei vielen Betriebssystemen einstellbar und bei smarten Geräten vorinstalliert oder als Gratis-Apps verfügbar.)

Im Bett nicht arbeiten, essen, oder fernsehen. Das Bett ist ab jetzt nur noch zum Schlafen da. So erkennt Ihr Gehirn gleich, was jetzt ansteht und stellt sich darauf ein. Es lohnt sich, bildschirmfreie Zonen im

Zuhause einzurichten. Schlafzimmer und Badezimmer sollten dazuzählen. Noch immer haben sich viele Menschen trotz Homeoffice in der Familie oder im Haushalt noch nicht damit auseinandergesetzt, wo die Grenzen der Arbeit in der Wohnung oder im Haus verlaufen. Vielleicht möchten Sie hier für sich Klarheit schaffen.

Phosphene verfolgen: Mit geschlossenen Augen sehen wir immer noch Lichterscheinungen. Wenn man sich z.B. leicht für einige Sekunden auf die geschlossenen Augen drückt, wird der Sehnerv gereizt und man sieht grelle Flecken. Das sind *Phosphene*. Aber auch ohne Druck erkennt man in der Dunkelheit optisches Rauschen oder Schemen, die zu Objekten oder Bildern gedeutet werden können. Wenn das passiert, folgen Sie mit der Aufmerksamkeit diesen Bildern statt Ihren Gedanken. Versinken Sie in den Bildern und Szenen, die sich von selbst ergeben. Das hilft beim Einschlafen.

Schalten Sie zum Schlafen Ihr Smartphone aus oder in den Flugmodus. Solange Sie denken, dass jemand Sie anrufen könnte, passt ein Teil von Ihnen immer auf und Sie können sich nicht ganz entspannen. Falls das nicht geht, weil Sie für bestimmte Notfälle erreichbar sein wollen, tun Sie Folgendes: Schalten Sie alle Signaltöne aus, aber stellen Sie den Anrufton so laut, dass Sie ihn auf keinen Fall überhören würden. Dann lagern Sie das Smartphone einige Meter vom Bett entfernt. So wissen Sie, dass Sie nicht gestört werden, aber wenn Sie dringend erreicht werden müssen und jemand nachts anruft, verpassen Sie es trotzdem nicht.

Trinken Sie abends wenig bis gar keinen Alkohol. Der Eindruck, dass man unter Alkoholeinwirkung besonders tief schläft, ist trügerisch. Schlaf ist ein sehr aktiver, choreographierter Prozess für den Körper. Zellen werden im Tiefschlaf repariert, der Geist wird im Traum aufgeräumt und es wird am Tage neu Gelerntes für die Speicherung markiert. Im

Tiefschlaf werden neue Verbindungen im Gehirn – also Dinge, die man neu gelernt hat – mit einer schützenden Myelinschicht überzogen und das Gehirn wird vom Glymphatischen System durchgespült. Je nach Alkoholmenge wird dieser aufwändige Instandhaltungsprozess immer mehr zu *Koma*, also einer ungeregelten Form von Ohnmacht, die keinen Erholungswert für Körper und Geist hat.

Lesen bei schwachem Licht ist, dem Volksmund zum Trotz, nicht schlecht für die Augen. Genauso wenig, wie das Hören von leiser Musik schlecht für die

Ohren ist. Wenn Sie bei geringer Beleuchtung lesen, ist das aber anstrengend und macht müde. Wenn Sie Sätze dreimal lesen müssen, weil im Kopf nichts mehr ankommt, ist es Zeit, das Licht auszumachen.

Machen Sie tagsüber vor allem Ihren Körper müde. Mit möglichst viel Bewegung an der frischen Luft. Sie sollten so viel stehen und gehen und so viel draußen aktiv sein, dass Ihnen ein Videomeeting drinnen, im Warmen und im Sitzen, wie ein Segen vorkommt. Dann werden Sie auch nachts schlafen wie ein Spitzensportler.

Und hier noch eine Einschlaftechnik, entwickelt für US-Navypiloten, die unter erschwerten Bedingungen darauf angewiesen sind, gewissermaßen auf Knopfdruck einschlafen zu können. Angeblich schafften es über 95% der Piloten, mit ihr innerhalb von zwei Minuten einzuschlafen, berichtet Gesundheitsautorin Sharon Ackman, von der wir diesen Tipp erfahren haben. Die Technik ist für Menschen, die im Pilotensitz schlafen müssen; Sie können sie aber auch im Liegen anwenden:

1. Gesicht entspannen: Atmen Sie langsam und tief. Entspannen Sie dabei jeden Gesichtsmuskel. Lassen Sie von der Stirn über Wangen, Mund, Zunge und Kiefer alle Muskeln erschlaffen.
2. Oberkörper entspannen: Entspannen Sie Ihre Schultern und lassen Sie sie so tief hängen, wie Sie können. Lassen Sie die Nackenmuskeln vollständig los. Dann beginnen Sie auf Ihrer dominanten Seite. Entspannen Sie Ihren Bizeps, bis Sie das Gefühl haben, er könnte abfallen. Dann entspannen Sie den Unterarm, die Hand und die Finger. Wenn ein Muskel sich nicht entspannen will, spannen Sie ihn erst an und lassen Sie ihn dann los. Atmen Sie langsam Ihre Spannung aus.
3. Beine entspannen: Entspannen Sie Ihren rechten Oberschenkel, dann die Wade und den Fuß. Spüren Sie, wie das Bein im Boden versinkt. Dann dasselbe auf der linken Seite.
4. Geist entspannen: Leeren Sie Ihren Geist für zehn Sekunden. Richten Sie dazu Ihre Aufmerksamkeit auf das Ein- und Ausgleiten des Atems durch Ihre Nase oder halten Sie ein Bild in Ihrem Geist fest. Mit entspanntem Körper und ruhigem Geist sollten Sie hinübergleiten in die Dunkelheit des Schlafes.

Und sollten Sie das mit dem Schlaf einmal nicht hinbekommen, trösten Sie sich mit dem, was Shigeaki Hinohara sagte. Hinohara war ein japanischer Arzt, der sich erst im Alter von 102 Jahren zur Ruhe setzte und 105 Jahre alt wurde. Er sagte, der Mensch gewinne seine Energie nicht durch Essen oder Schlafen, sondern durch Spaß. Wer sich auf den kommenden Tag freut, ist energiegeladener als jener, der sich zu viele Sorgen über seine Schlafqualität macht.

Ernährung

Ein Ratgeber zur Stärkung der geistigen und körperlichen Abwehrkräfte muss natürlich auch einen Teil über Ernährung haben. Wir sind der Auffassung, dass sechs einfache Grundregeln genügen, um sich ohne großen Aufwand so zu ernähren, dass es Spaß macht und Körper und Geist alles bekommen, was man aus Essen bekommen kann. Die klinische Psychologin Julia Rucklidge konnte 2014 anhand etlicher Studien zeigen, dass die eigene Ernährung in einem sehr engen Verhältnis zu dem persönlichen Risiko und dem Verlauf von psychiatrischen Problemen wie Depression, ADHS, Psychosen und sogar Schizophrenie und Autismus stehen. Eine leckere, facettenreiche Ernährung ist daher sicher eine der wirksamsten Weichenstellung für eine glückliche, gesunde Zukunft.

Regel 1: Vergessen Sie Diäten

Diäten sind ein eigener Wirtschaftszweig. Die zugehörigen Produkte machen in Deutschland gut zwei Milliarden Euro Umsatz im Jahr. Wenn wir plötzlich weniger essen, senkt der Körper seinen Kalorienverbrauch. Wenn wir die Diät beenden und zur alten Kalorienzufuhr zurückkehren, steigt der Verbrauch erst langsam wieder an. Dadurch nimmt man zu: der bekannte Jojo-Effekt. Evolutionär geht der Körper auf Nummer Sicher und legt Vorräte für die nächste „Dürre" an. Nach mehreren Diäten hintereinander lernt er, den Kalorien-Grundumsatz dauerhaft niedrig zu halten, wodurch das Abnehmen noch schwieriger wird.

Machen Sie keine Diäten. In der englischen Sprache bedeutet *diet* keine derartige, kontraproduktive Ernährungskur, sondern *wie man sich grundsätzlich ernährt*. So sollten wir das auch sehen. Wir sollten uns so ernähren, wie wir es auch dauerhaft durchhalten können. Darum lautet eine der Grundregeln der ajurvedischen Ernährungslehre: Es muss schmecken.

Regel 2: Essen Sie frisch

Essen Sie viele Dinge, die roh und frisch und lecker sind. Dann werden Sie auch, solange Sie gesund sind, keine Nahrungsergänzungsmittel brauchen. Diese Präparate beinhalten bestimmte Stoffe, die für den Körper wichtig sind, in extrem hohen Dosen. Das müssen sie auch, weil die ganzen komplexen Sekundärstoffe aus echten Lebensmitteln fehlen und deshalb die Resorptionsrate, also der Anteil, den der Körper tatsächlich aufnehmen kann, sehr niedrig ist. Der Löwenanteil geht bei diesen Mittelchen ungenutzt durch den Körper wieder hinaus. Gute Ergänzungsmittel haben eine Handvoll bis wenige Dutzend Inhaltsstoffe. Die Schale eines Apfels enthält über 600 verschiedene Substanzen – für synthetische Nährstoffmischungen ist das unerreichbar, weil ein vergleichbares Produkt unbezahlbar wäre. Essen Sie viele frische Sachen. Karotten und Obst sind die besten Snacks.

Regel 3: Essen Sie vielfältig

Erweitern Sie Ihren Appetit! Finden Sie heraus, was es alles gibt. Je diverser Sie essen, desto sicherer ist es, dass alles dabei ist, was Ihr Körper braucht. Gleichzeitig wird es weniger wahrscheinlich, dass Ihr Körper von irgendetwas zu viel abbekommt.
Es gibt kein ungesundes Essen. Ein Döner Kebab ist nicht ungesund. Ein Burger ist nicht ungesund. Auch eine

Tiefkühlpizza, Chips, Schokoriegel: nicht ungesund. Wenn Sie viermal die Woche so essen, *das* ist ungesund. Bedenken Sie, dass industriell hergestellte Lebensmittel auf Profit hin optimiert sind. Um zu kaschieren, dass die Inhaltsstoffe so billig sind wie möglich, werden grelle Aromen hinzugefügt, die unsere einfachsten Instinkte mit ihrer Reizintensität ansteuern. Diese Intensität stumpft unseren Geschmackssinn nicht nur ab, man kann auch regelrecht abhängig davon werden – was den Produzenten natürlich in die Karten spielt. Wechseln Sie ab, was Sie essen und probieren Sie bei jeder Gelegenheit Neues. Ihr Körper lernt daraus. Mehr dazu bei der nächsten Regel.

Regel 4: Vertrauen Sie Ihrem Appetit*

Sie sehen das kleine Sternchen. Das * steht hier für „wenn Sie als Kind viele Dinge gegessen haben, für die es keinen TV-Werbespot gibt."
Wie hängt das zusammen? TV-Werbespots gibt es für diejenigen Produkte, die in riesigen Mengen hergestellt werden und bei denen ein hoher Preisdruck herrscht. Darum greifen die Hersteller auf Zutaten zurück, die chemisch sicher in industriellen Mengen in identischer Qualität herstellbar sind. Dazu gehören auch künstliche Aromastoffe. Diese künstlichen Aromen haben einen schlechten Ruf, obwohl sie für Erwachsene im Grunde erst einmal kein Problem darstellen[1].

[1]In der Regel haben echte Früchte Hunderte von Aromen, die ihnen ihren komplexen Geschmack verleihen. Das nachzubauen wäre viel zu teuer und aufwändig. Also nimmt man die zwei, drei oder manchmal sieben dominierenden Geschmacksnoten einer Frucht und dosiert diese dann viele Hundert Male höher, damit wir erkennen können, welche Frucht das überhaupt sein soll. Das schmeckt intensiv, aber eben deutlich weniger komplex als das Original.

69

Künstliche Aromastoffe durchlaufen bei uns einen Zulassungsprozess, sind also auf Verträglichkeit geprüft und biologisch in den normalen Mengen unbedenklich. Das Problem ist ein anderes: Im Kindesalter lernt unser Gehirn den Zusammenhang zwischen den Inhaltsstoffen und dem Geschmack von Lebensmitteln. Wenn jetzt fünf verschiedene Produkte dasselbe intensive „Erdbeer"-Aroma verwenden, dann wird dieser Zusammenhang entkoppelt. Das nimmt unserem Körper die Fähigkeit, über den Appetit gezielt Lebensmittel zu „bestellen". Er bemerkt vielleicht, dass ihm gerade etwas fehlt, aber weil er nicht wissen kann, wo es drin ist, kann er Ihnen keinen Appetit darauf machen. Darum auch Regel zwei und drei: Wenn Sie *viele verschiedene natürliche* Dinge essen, lernt Ihr Körper neue Quellen für wichtige Nährstoffe kennen, erkennt diese Zusammenhänge und kann Ihnen gezielt Hinweise dazu geben, was er braucht.

Intensive Aromen können für Kinder ebenfalls zum Problem werden. Wir haben oben gesehen, dass der Mangel an geschmacklicher Komplexität oft durch Hochdosierung einiger weniger Aromen kompensiert wird. Durch den grellen Geschmack kann das Geschmacksempfinden der Kinder geblendet werden und abstumpfen. In Folge schmecken natürliche Lebensmittel blass und die Kinder lehnen sie ab. Das kann sich natürlich auch bis ins Erwachsenenalter durchziehen. Deshalb sollten intensiv gesüßte oder aromatisierte Lebensmittel bei Kindern höchstens punktuell vorkommen.

Regel 5: weniger Zucker

Pro Jahr nehmen Deutsche im Schnitt über 30 *Kilogramm* Zucker zu sich. Fast viermal so viel, wie die WHO als Obergrenze empfiehlt. Sehen Sie es einmal so: Zucker ist eines der intensivsten Gewürze der Welt. Praktisch kein anderes Gewürz dosieren wir mit Löffeln. Fast immer verwenden wir

Prisen von etwas. Bei keinem anderen Gewürz kommen wir auf die Idee, immer mehr und noch mehr davon überall hineinzutun, um unseren Gewöhnungseffekt zu überbieten. Zucker ist wahrscheinlich für fast alle weltweiten Fälle von Fettleibigkeit maßgeblich mit verantwortlich, zeigten Studien von David S. Ludwig (2001), Susan Harrington 2008 und von Frank B. Hu aus dem Jahr 2013. Nicht fettreiche Ernährung – *Zucker*. Darum möchte Mario Ihnen hier einen Trick verraten, der bei ihm selbst funktioniert hat:

Ich habe früher in eine große Tasse Kaffee drei gehäufte Teelöffel Zucker gegeben. Wenn man überlegt, weniger Zucker zu nehmen, hat man Angst, dass einfach alles für immer fad schmeckt. Das ist aber nicht so. So, wie Sie sich innerhalb kürzester Zeit an mehr Bewegung gewöhnen, passt sich auch Ihr Geschmackssinn an. Ich habe es so gemacht: Ich nehme einen halben Teelöffel weniger, als ich normalerweise würde. Dadurch schmeckt der Kaffee noch okay. Zwei Tage später nehme ich wieder einen halben Teelöffel weniger, und er schmeckt wieder okay. In nur zwei Wochen bin ich von drei Löffeln auf *einen halben* Löffel herunter gewesen, *ohne, dass mir etwas gefehlt hat*. Dauerhaft. Dafür kann man dann auch wieder Wasser trinken, ohne, dass einem etwas fehlt, und Karotten schmecken wieder süß. Es dauert nur *zwei Wochen*, um auf die überflüssigen 85 Prozent eines Gewürzes dauerhaft verzichten zu können. (20 Gramm Zucker weniger pro Tasse bedeutet bei mir pro Jahr etwa 15 Kilogramm Zucker weniger. Weil das mehr als zehn Jahre her ist, habe ich meinem Körper schon jetzt die Strapaze erspart, 150 Kilo völlig nutzlosen Zucker zu verarbeiten).

Es ist nur die kurze Umstellungsphase; danach schmeckt für Sie ein Bruchteil der Zuckermenge genauso süß wie vorher die alte. Ihr Körper wird es Ihnen ewig danken.

Regel 6: Steinalt werden mit hara hachi bu

hara hachi bu ist eine aus dem Konfuzianismus stammende Ernährungsgewohnheit, die bis heute dafür sorgt, dass die Menschen auf der japanischen Insel Okinawa den höchsten Anteil an Menschen über hundert Jahren haben. Sie schreibt im Wesentlichen vor, den Magen nicht zu füllen, bis er spannt, sondern nur etwa zu achtzig Prozent. Wie hängt das zusammen?

Verdauung ist ein unglaublich strapaziöser Prozess für den Körper und ein Hauptgrund für Abnutzung, also: Alterung. Wer seine Verdauung schont, vergrößert seine Lebenserwartung und setzt Energien frei, die sonst für die Verdauung gebunden würden. Sich den Magen bis zum Bersten vollzumachen, im schlimmsten Fall mit sehr energiereicher Nahrung, macht müde und schlapp. Hilfreich für hara hachi bu ist es, sich an die anderen Regeln zu halten:

Wenn man lecker und frisch und abwechslungsreich isst statt langweilig und viel, dann macht es auch mehr Spaß, intensiv zu kauen, um das Essen wirklich auszukosten. Dabei wird das Essen besser zerkleinert und besser eingespeichelt (beides besser für die Verdauung, manche Verdauungsenzyme finden sich nur im Speichel). Weil der Magen zwanzig Minuten braucht, um Sättigung zu melden, ist genüssliches Essen auch hilfreich dabei, nicht mehr zu essen, als dem Wohlbefinden dient. Und wenn Sie sich doch einmal richtig den Bauch vollschlagen wollen, dann geht das mit einem kleinen, straffen Magen schneller, billiger und einfacher als mit einem ausgeleierten. Und letztlich ist es auch hier so, dass es nur eine kurze Umstellung braucht, weil der Magen sich zusammenzieht, wenn man ihn nicht ständig überdehnt. Als Folge davon quengelt er nicht ständig nach Füllung und man hat nicht dauernd ein Hungergefühl. *Hara hachi bu!*

Das war unser halbes Dutzend Ernährungshinweise für einen energiegeladenen, gesunden Körper und einen wachen, agilen, belastbaren Geist. Wenn Ihnen das zu viele Regeln zum Merken sind, behalten Sie nur die eine, die Michael Pollan in seinem Buch *Essen Sie nichts, was Ihre Großmutter nicht als Essen erkannt hätte* empfiehlt:

„Essen Sie *Lebensmittel,* nicht zu viel, und viele Pflanzen."

Mit „Lebensmittel" meint Pollan, wie im Buchtitel angedeutet, Nahrungsmittel, die unsere Urgroßmütter im Supermarkt noch als solche erkennen würden und die weniger als fünf Zutaten enthalten.

Und noch ein letzter Hinweis, auch von Michael Pollan: Es gibt keine billigen Lebensmittel. Was Sie bei prozessierten Lebensmitteln an Währung und Zubereitungszeit sparen, bezahlen Sie auf Dauer an Laune, psychischer Gesundheit, körperlicher Gesundheit, und letztlich für Medikamente.

Investieren Sie Liebe und Zeit in leckeres Essen – es lohnt sich in jeder Hinsicht, die Sie sich ausdenken können.

Guter Schlaf, Bedürfnispflege, Bewegung und eine gute Ernährung helfen Menschen, mental und körperlich zu Kräften zu kommen und bei Kräften zu bleiben. Darum ging es im vergangenen Abschnitt. Wäre schade, wenn diese gesammelten Kräfte dann verpuffen, weil sie nicht sinnvoll eingesetzt werden. Das kann zu Frustration führen und das Wohlbefinden wieder abwärts ziehen. Damit das nicht passiert, sollte man seine Kräfte dort einsetzen, wo sie auch etwas ausrichten. Darum folgt hier nun ein sehr einfaches, kleines und bewährtes Werkzeug, mit dem Sie sehr leicht abschätzen können, worauf Sie Ihren Fokus legen sollten und was Ihre Zeit verdient hat. Es geht um die Kunst der Priorisierung mit der Eisenhower-Matrix.

Die Eisenhower-Matrix

Bei der Eisenhower-Matrix geht es darum, Aufgaben zu ordnen. In welcher Reihenfolge geht man Dinge an, um seine Kräfte optimal einzusetzen? Hierzu muss man über die anstehenden Aufgaben jeweils nur zwei Dinge wissen. Erstens: Ist sie *wichtig*? Und zweitens: Ist sie *dringend*? Daraus ergibt sich folgende Matrix:

Was tun laut Eisenhower-Matrix?	Dringend	Nicht dringend
Wichtig	Sofort machen	Einplanen und zeitnah angehen
Nicht wichtig	Ggf. jemanden beauftragen	Ignorieren/in den Papierkorb

Natürlich erledigen wir zuerst diejenigen Dinge, von denen sehr vieles abhängt und die sofort erledigt werden müssen (wichtig *und* dringend).

„Schatz, der Hund bekommt keine Luft!" signalisiert: es steht viel auf dem Spiel *und* es ist dringend. Heißt: Sofort drum kümmern. Das muss man nicht weiter erklären.

Im zweiten Schritt passiert nun aber der häufigste Fehler. Intuitiv tendieren viele Menschen dazu, als zweites diejenigen Aufgaben anzugehen, die dringend sind. Das ist eine kurzfristig funktionierende Strategie, die langfristig sehr teuer ist. Warum? Stellen Sie sich vor, Sie machen ein Jahr lang immer zuerst die Dinge, die dringend sind, aber nicht wichtig. Dann haben Sie ein Jahr lang nichts von dem gemacht, was wichtig wäre, das aber leider nicht dringend genug war, um an die Reihe zu kommen. Zum Beispiel die Reise, die Sie immer schon einmal machen wollten. Oder mehr Zeit mit einer geliebten Person zu verbringen.

Machen Sie diesen Fehler nicht.

Verlieren Sie sich nicht in Nichtigkeiten, nur, weil die mit ihrer Dringlichkeit herausstechen. *Wenn die wichtigen, dringenden Dinge erledigt sind, kümmern Sie sich um die wichtigen.*

Darum kümmern heißt in dem Fall nicht, dass Sie augenblicklich zu Ihrer Weltreise aufbrechen sollen und Ihrer Chefin dann von Island aus Bescheid geben. Aber legen Sie fest, wann die Reise stattfinden wird und leiten Sie alles Nötige dafür in die Wege. Zeitdruck ist etwas, das uns sehr stark aktiviert. Zeitdruck macht Spiele aufregend, aber im persönlichen oder beruflichen Umfeld ist er einer der wichtigsten Auslöser für Stress und Hektik. Lassen Sie sich nicht von der psychologischen Intensität des Akuten überlisten. Und auch nicht davon, dass andere Leute auf die scheinbare Dringlichkeit reagieren und den gefühlten Druck an Sie weitergeben. Atmen Sie durch, schauen Sie aus der Vogelperspektive auf die Situation, auf die nahe und ferne Zukunft. Stellen Sie sich vor, Sie schauen aus der fernen Zukunft auf diesen Punkt Ihres Lebens zurück. Wie würde Ihr weises, zukünftiges Ich entscheiden?

Und wenn einmal wirklich alles Wichtige erledigt sein sollte – also das dringende Wichtige *und* das nicht so dringende Wichtige – dann können Sie sich persönlich um ein paar Dinge kümmern, die nur dringend sind, aber eigentlich verzichtbar. Versuchen Sie ansonsten, für *lediglich Dringendes* jemanden zu finden, der das für Sie machen kann.

Und bitte verlieren Sie keine kostbare Lebenszeit mit Dingen, die weder wichtig noch dringend sind. Wenn Sie auf etwas stoßen, das weder relevant noch dringend ist: In den Müll damit. Sofort. Keine Gnade. Es wird niemals passieren. Machen Sie sich nichts vor. Wenn Sie einen Roman schreiben wollen, gibt es nur zwei Möglichkeiten: entweder, es ist Ihnen wichtig, dann machen Sie einen Zeitplan und fangen Sie an. Oder hören Sie auf, sich mit einem Wunschtraum zu quälen; seien Sie ehrlich zu sich und vergessen Sie es. Entweder, oder. Wichtig oder weg damit? GET IT OR FORGET IT.

Bedenken Sie: Es ist vollkommen egal, wie groß Ihr „Zu erledigen!"-Stapel ist. Ob da sieben Aufgaben liegen oder siebenhundert, in einem Stapel, der bis unter die Decke reicht – das macht *keinen Unterschied*. Warum ist das so? Weil Menschen nur eine Aufmerksamkeit haben und weil sie nur eine Aufgabe pro Zeitpunkt bearbeiten können. Darum ist ausschließlich die Reihenfolge relevant. Die Priorisierung. Was oben liegt. Weil ständig Neues hinzukommt, sind am Ende nur die fünf Sachen, die oben auf dem Stapel liegen, relevant. Ein Tag hat nur 24 Stunden, abzüglich der Zeit, die man mit anderen Dingen verbringen muss, um nicht verrückt zu werden.
Ihre Produktivität wird durch einen dickeren Stapel nicht besser. Aber, wenn Sie gut priorisieren, auch nicht schlechter.

Dinge, die es in der Prioritätenliste nie nach oben schaffen, werden de facto niemals Wirklichkeit. Dieser Tatsache muss man einfach ins Auge sehen. Wenn Sie nicht bereit sind, einer Sache so große Wichtigkeit einzuräumen, dass Sie sie angehen, dann können Sie sie genauso gut in den Papierkorb werfen. Das wirkt befreiend und Sie sind eine Sache los, mit der Sie im Hinterkopf jonglieren und geistige Ressourcen verbrennen (*Mental Load* heißt das in der Sprache der Arbeitspsychologen). Und wenn Sie merken, dass es unglaublich weh tut, die Sache in den Papierkorb zu werfen und für immer aufzugeben, dann gibt Ihnen das vielleicht den nötigen Ruck, um es in Ihren Kalender zu schreiben und wirklich zu machen. Erinnern sie sich daran, dass Sie in 100 Jahren tot sein werden. Und denken Sie an das Buch von Bonnie Ware, *The Top Five Regrets of the Dying* und daran, dass die fünf häufigsten Gründe für Gram, die Sterbende äußern, diese hier sind:

1. Ich wünschte, ich hätte mich getraut, mein Leben so zu leben, wie ich es wollte, anstatt immer zu tun, was andere von mir erwarteten.
2. Ich wünschte, ich hätte nicht so viel gearbeitet.
3. Ich wünschte, ich hätte öfters den Mut gehabt, meine Gefühle auszudrücken.
4. Ich wünschte, ich hätte den Kontakt zu meinen Freunden gehalten.
5. Ich wünschte, ich hätte mir erlaubt, glücklicher zu sein.

Tun Sie die Dinge, die wichtig sind, auch wenn niemand Sie dazu drängt. Weil sie sonst nie wahr werden. Und streuen Sie Dinge, die Ihnen selbst in Wahrheit gar nicht wichtig sind, in den Wind. *Get it or forget it.*

Der engste Verwandte

Bei Kindern scheint es uns die selbstverständlichste Sache der Welt zu sein, ihnen zu helfen. In sie zu investieren, Zeit und Liebe, und die Weichen zu stellen für eine glückliche Zukunft voller Möglichkeiten. Kinder sind unsere Verbindung zur Zukunft. Es gibt aber noch einen Menschen, mit dem wir noch enger verwandt sind als mit unseren Geschwistern und unseren eigenen Kindern. Wer sollte das sein?

Dieser Mensch ist unser eigenes, zukünftiges Selbst. Wenn Sie die Weichen in einer Weise stellen, die Ihrem zukünftigen Selbst das Leben leichter macht, winken Sie Ihrem zukünftigem Selbst in Gedanken zu wie einem sehr, sehr engen Freund oder Zwilling von Ihnen, der auf der anderen Seite des Ozeans lebt und dem Sie ein Geschenkepaket schicken. Sie wissen, dass Ihr zukünftiges Selbst sich darüber freuen wird und Sie können sich jetzt daran freuen, dass Sie jemandem etwas schenken. Und wenn Sie auf der anderen Seite des Ozeans sind und von etwas profitieren, das Ihr früheres Ich Ihnen geschickt hat, dann zwinkern Sie ihm freundlich zu und danken ihm. Seien Sie Freunde, seien Sie ein Team. Fürsorge für das eigene Selbst der Zukunft ist die höchste Form der Eigenliebe. Seien Sie gut zu Ihrem allerengsten Verwandten. Es wird sie doppelt glücklich machen: erst beim Schenken; und dann beim Beschenktwerden.

Priorisierung und das damit verbundene geschickte Bündeln von Kräften ist ein so wichtiges Thema, dass wir weiter unten noch eine weitere griffige Methode dafür vorstellen möchten. Hier geht es jetzt weiter mit der Kunst, Dinge auch wirklich anzugehen, anstatt sie vor sich her zu schieben.

Häppchen gegen Prokrastination

Weite Teile unserer Gesellschaft sind durchzogen vom Inspirationsbild der *Leistungsgesellschaft*. Meistens, ohne es direkt auszusprechen, wird hier ein erheblicher Teil des Werts eines Menschen auf seinen Beitrag zur Gesellschaft und seine Produktivität zurückgeführt. Und eben weil das selten so ausgesprochen wird, lernt das derjenige Teil von uns, der ganz nebenbei und ohne Worte gelernt hat, wie man steht und geht, was Autos sind und wieviel Abstand man in Unterhaltungen zu seinem Gegenüber hält.

Deshalb kann unser eigenes Selbstwertgefühl auch dann an unsere Produktivität gekoppelt sein, wenn wir das gar nicht über uns wissen. Wenn das bei uns so ist und wir einmal einfach die Zeit verstreichen lassen, unser Leben genießen und Müßiggang üben, können wir deswegen ein schlechtes Gewissen bekommen. Und weil das so ein Massenphänomen ist; weil Millionen und Abermillionen von Menschen der

Leistungsgesellschaft damit umgehen müssen, ist *Prokrastination*, also, das Vorsichherschieben von Aufgaben, ein Fremdwort, das sehr viele Erwachsene schon gehört haben.

In der Zeit, in der man *aktiv eine Aufgabe nicht macht* und sich permanent damit auseinandersetzt, dass man gerade nicht das tut, was man tun sollte, kann man sich natürlich auch nicht entspannen und richtig loslassen. Weil das zu den häufigsten Dingen gehört, mit denen Menschen sich quälen, hier ein Abschnitt zur Prokrastination.

Spätestens seit E.F. Schumachers Veröffentlichung von *Buddhist Economics*, also *Buddhistische Ökonomie* im Jahr 1973 wissen wir, dass wir Freizeit nur dann wirklich genießen können, wenn wir das Gefühl haben, sie uns verdient zu haben. Und wer seine Freizeit tief und ausgiebig genossen hat, ist danach auch wieder frisch und bekommt Lust darauf, wieder zu arbeiten. Mit Prokrastination, bei der man unproduktiv ist *und* sich darüber quält, setzt man sich zwischen beide Stühle.

Erholung und Genuss sind *wichtig* (siehe oben in der Eisenhower-Matrix) und sollten ebenso vollen Herzens begangen werden wie Arbeit.

Wenn Sie also bemerken, dass Sie eine Tätigkeit vor sich herschieben, überlegen Sie Folgendes:
Ist diese Freizeit, diese Freiheit, die ich mir gerade nehme, erholsam? Ist sie es trotz des nervigen, drängenden Gefühls *wert*? Seien Sie bei der Antwort ehrlich zu sich. Wenn Sie schummeln, hindern Sie sich nur selbst daran, das Beste für sich herauszuholen. Es gibt also zwei Möglichkeiten:

Entweder, die Zeit, in der Sie die Aufgabe nicht erledigen, ist *richtige Freizeit*, erholsam und schön. Wenn das so ist: Stellen Sie sich zum Beispiel auf Ihrem Smartphone einen Wecker, der Sie an die Aufgabe erinnert und vergessen Sie die Aufgabe bis dahin. Komplett. Kein Gedanke daran. Lassen Sie los. Sie haben jetzt frei. Sie haben Ihre Erlaubnis und Dank der automatischen Erinnerung werden Sie auch nichts vergessen. Dann ist jetzt Ihre Aufgabe, Ihre Zeit zu genießen, sich zu entspannen und Dinge zu tun, die Ihnen Freude machen und die nicht produktiv sein müssen. Seien Sie konsequent!

Oder aber die Aufgabe ist so drängend und das Gefühl ist so penetrant, dass Sie die Zeit ohnehin gar nicht richtig genießen können. Wenn das der Fall ist, stellen Sie sich die folgende, ernstgemeinte Frage:

Warum mache ich die Aufgabe nicht?

Wenn Sie sich die Frage ehrlich selbst stellen, werden Sie eine verblüffend ehrliche und treffsichere Antwort von sich selbst bekommen. Die häufigsten drei Gründe sind:

1. *Weil es unangenehm ist.*
2. *Ich weiß nicht, wie ich es machen soll.*
3. *Es ist viel zu groß, das wird doch eh nie fertig.*

Was können Sie tun, wenn es einer dieser drei Gründe ist?

Grund eins: Es ist unangenehm

Manche Aufgaben widerstreben uns einfach. Sie sind dumm, stumpf, undankbar, scheinbar sinnlos, wir müssen dafür schmutzige Sachen anfassen oder uns mit Dingen auseinandersetzen, die schmerzhaft oder emotional strapaziös sind und die daher vermutlich viel von unserer Disziplin und unserer bewussten Selbstkontrolle brauchen. Wir haben das Gefühl, diese im Moment nicht aufbringen zu können, also drücken wir uns davor.

Darüber hat Brian Tracy das Buch *Eat That Frog* geschrieben. Kröte schlucken! Sie kommen offenbar sowieso nicht drum herum, also machen Sie es gleich. Ihr zukünftiges Ich wird sich freuen, dass Sie ein guter Freund waren und das für ihn/sie erledigt haben. Ihr Bedürfnis nach verdienter Freizeit wird in einer Stunde, morgen oder in einem Jahr genauso hoch sein wie jetzt auch. Also helfen Sie sich, geben Sie sich einen Ruck und machen Sie es einfach. Fangen Sie an. Machen Sie den ersten Handgriff dazu. Es fühlt sich so, so gut an, ins Tun zu kommen. Nicht erst hinterher. Schon der Moment, wo Sie es endlich anpacken, fühlt sich gut an. Wenn sich etwas in Bewegung setzt. Sie vom Nagel zum Hammer werden, aktiv gestalten und Ihr Leben in die Hand nehmen. Mario sagt dazu: „Ich schwöre, jedes Mal, wenn ich *endlich* meinen Staubsauger in die Hand nehme, fühle ich mich wie James Bond und ich freue mich plötzlich daran, mir bei einer Tätigkeit zuzusehen, die ich gerade eben noch für unzumutbar und unüberwindlich gehalten habe."

Psychologe Jens Corssen empfiehlt das Motto: *Schmerz? Bitte sofort!* Warum? Weil Schmerz im Leben ohnehin nicht vermeidbar ist. Wenn Sie ein Löchlein im Zahn haben, wird die Behandlung möglicherweise weh tun. Wenn Sie die Behandlung verschieben, wird das Problem nicht nur schlimmer und der zu erwartende Schmerz größer. Sie haben auch in der Zwischenzeit in dem Bewusstsein gelebt, dass Sie ein Problem haben, welches immer schlimmer wird *und dass Sie sich nicht darum kümmern*. Sie fühlen sich ohnmächtig, Sie werden zum passiven *spectator*, Sie bekommen immer noch mehr Angst vor immer noch mehr Schmerz – das ist doch kein Leben! Wenn Sie die Wahl haben zwischen „Schmerz" und „Schmerz plus Angst plus mehr Schmerz plus Ohnmachtsgefühl" dann sehen Sie auf den ersten Blick, dass *(nur)* „Schmerz" die bessere Wahl ist. Ihr zukünftiges Ich hat genauso ein Interesse daran, ohne Schmerz, Angst und Ohnmachtsgefühl zu leben wie Ihr jetziges. Beißen Sie in den sauren Apfel, schlucken Sie die Kröte, nehmen Sie die Sache in die Hand und bringen Sie es hinter sich. Es tut kurz weh, aber es ist der beste Deal, den Sie bekommen können. Und der Lohn, Ihr Mut, das befreiende Gefühl und das Erlebnis, die Sache aktiv gestaltet und in die Hand genommen zu haben, sind es wert. *Eat that frog!*

Im Hintergrund schwelende Probleme sind nie ganz weg. Ein Teil von uns weiß, dass sie da sind und ganz langsam auf uns zukommen. Auch dieses „schlechte Gewissen im Hintergrund" erzeugt mentale Last und sorgt dafür, dass wir den Kopf nie ganz frei haben und wirklich unbeschwert sein können.

Und wenn Sie sich trotz aufmunternder Überzeugungsarbeit nicht aufraffen können, machen Sie das hier: Tanken Sie Kraft. Aber gezielt. Setzen Sie sich eine Zeit, in der Sie sich erlauben, das Problem auszublenden. Machen Sie etwas, das Sie lieben und das Ihnen Kraft gibt, mit der Bedingung, dass Sie danach die Kröte angehen. So etwas wie „Puh, okay, ich sehe, ich kann mich gerade nicht dazu aufraffen. Jetzt gehe ich drei Stunden mit meinen Freunden Beachvolleyball spielen (weil ich das Liebe und da Kraft schöpfe) *und danach mache ich einen Termin beim Zahnarzt*. Deal?"

Manchmal kann man auch einem Freund vorjammern, dass man sich gerade nicht aufraffen kann und sich von denen Zuspruch, Startenergie oder einen sprichwörtlichen Tritt in den Allerwertesten holen. Oft ist man dann verblüfft, wie einfach es geht. Zur Regulierung von außen kommt auch weiter unten noch Ausführlicheres.

Grund zwei und drei: Ich weiß nicht genau, was ich machen soll und *Die Sache ist zu groß*

Manchmal stellt sich uns eine Aufgabe – oder sie wird uns gestellt – die in sich diffus oder unklar ist. Wir verstehen vielleicht das Ziel, aber wir sind uns über die einzelnen Schritte oder deren Reihenfolge gar nicht im Klaren. Und trügerischerweise kommt das erst dann zum Vorschein, wenn man den Entschluss fasst, die Sache jetzt anzugehen. Das tut man aber eher nicht, weil man gar keine klare Handlungsanweisung hat. „Bring den Müll raus" ist eine Aufgabe, bei der wir in der Regel die einzelnen Schritte sehr klar vor Augen haben. Sobald wir die Handlung in Gang setzen, passiert es nahezu automatisch. (Aber weil die Aufgabe vielleicht negativ konnotiert ist oder wir uns nicht herumkommandieren lassen wollen, schieben wir sie vor uns her. Siehe oben unter „es ist unangenehm"). Wir wissen aber sehr genau, welche Handgriffe und Schritte zu der Aufgabe gehören. Die zugehörigen Abläufe im Gehirn sind abrufbereit und wir haben ein klares Bild. Sich hier zu motivieren, braucht nur einen kleinen Schubs, weil es ab da von selbst geht.

Bei diffusen Aufgaben wissen wir hingegen oft gar nicht, womit wir anfangen sollen oder was möglicherweise Sackgassen und Fehler sein könnten, die die Aufgabe nur größer oder langwieriger machen. Dann ist keine der existierenden Handlungsprozeduren im Gehirn wirklich zuständig und im Kopf ruft niemand: „Hier! Ich! Ich weiß, wie das geht! Lass mich machen!" Die Folge ist: Der Auslöser bleibt aus. Lähmung.

Wenn Sie also eine Aufgabe nicht angehen und Ihre Antwort auf die Frage nach dem Wieso ist: „Ich weiß gar nicht, wo ich anfangen soll", dann probieren Sie: *Orientieren und Kleinhacken*.

Orientieren und Kleinhacken

Orientieren heißt, herauszufinden, was Sie für das Lösen der Aufgabe überhaupt brauchen oder wissen müssen. Machen Sie sich das klar oder schreiben Sie es auf. Dann schauen Sie, wo Sie das herbekommen. Hören Sie nicht auf, bis Ihnen klar ist, was der erste Schritt sein muss.

Kleinhacken heißt: Wenn dieser erste Schritt, also selbst diese Teilaufgabe, auch nach dem Orientieren zu groß erscheint (womit wir bei Grund drei wären, *„viel zu groß, das wird doch eh nie fertig"),* dann hacken Sie die Aufgabe klein. Unterteilen Sie sie in kleine Einzelaufgaben, bis etwas dabei ist, das Sie mit einem Handgriff machen können. Im Idealfall ist es eine Handlung, die schon in sich abgeschlossen ist und ein kleines Erfolgserlebnis bietet. Beim Schreiben seiner dicken Fantasy-

Romane konnte das für Mario eine Personenbeschreibung sein, eine Ausrüstungsliste, eine Illustration zu zeichnen, einen einzelnen Dialog zu schreiben oder eine Szene einfach drauflos zu schreiben und sich frei entwickeln zu lassen. Als Mario den Abwasch noch von Hand machte, fing er mit dem größten Teil an, im Idealfall dem Wok. Das dauerte fünfzehn Sekunden und danach hatte er vom Volumen her schon die Hälfte geschafft. Man hat das Gefühl, man kommt zügig voran und denkt „na, den Rest schaffe ich jetzt grade auch noch." Und *obwohl man weiß, dass es ein Trick ist,* funktioniert es. Wenn man mit etwas Kleinem anfängt, dann spült man fünf Teelöffel ab und sieht praktisch keinen Fortschritt. Man denkt, das geht so noch ewig weiter und muss einen Hügel aus Frust überwinden.

Nehmen Sie sich zum Beginn klare Teile aus der Gesamtaufgabe heraus, wo Sie mit wenig Aufwand gleich vorankommen und etwas schaffen; eine Zwischenetappe, über die Sie sich freuen und durch die Sie Fahrt aufnehmen für die anderen Teile. Hacken Sie zur Not so klein, bis Sie den ersten Schritt mit einem einzigen Handgriff erledigen können. Aber: kleinhacken, nicht pürieren!

Ben fiel bei komplexen Aufgaben schonmal in die Falle, dass er Dinge zu sehr kleingehackt hat. Plötzlich gab es unzählige Schritte, die zu erledigen waren. Er wusste nicht, wo er anfangen sollte; und war ein kleiner Schritt erledigt, stellte sich kein Wohlgefühl ein. Zum Glück hat Ben früher öfters Holz gehackt und dadurch ist ihm eine Methode zum korrekten Kleinhacken eingefallen. Gut darstellbar ist diese Methode mit folgender Aufgabe:

Wie viele Kreise zählen Sie in den folgenden drei Abbildungen jeweils?
1. oooooooo
2. o o o o o o o o
3. oo oo oo oo

Wir vermuten, dass das Zählen der Kreise in der dritten
Abbildung am schnellsten ging. Das liegt an der handlichen
Gliederung: Aufgaben sind nicht nur kleingehackt, sondern
Elemente der gleichen Größe sind gruppiert. Wenn Sie Ihre
Aufgaben also notieren, machen Sie wo nötig Untergruppen
und schreiben Sie hierarchisch Aufgaben und Unteraufgaben
auf. Wenn Sie bei einer Unteraufgabe wissen, aus welchen
Teilen sie besteht, brauchen Sie nicht alle Unter-
Unteraufgaben auch noch zu notieren. Und wenn Sie alles
Wichtige notiert haben, kann es losgehen!

> *„Auch der längste Marsch beginnt*
> *mit dem ersten Schritt"*
> Laotse

Ein weiterer Grund für Prokrastination kann sein, dass Sie die
Aufgabe erledigen *sollen* und es etwas ist, das Sie aus eigenem
Antrieb gar nicht machen würden. Erschwert wird das Ganze,
wenn für die Erledigung der Aufgabe für jemand anderen
keinerlei Belohnung ausgesetzt ist – und da würden uns oft
Dank oder Lob schon reichen – sondern bestenfalls *keine
Strafe*. Wenn wir dann noch hohen Wert auf Autonomie legen
und uns also ungern herumkommandieren lassen, am
allerbesten noch zu Tätigkeiten, die wir sinnlos finden, dann
wird es wirklich schwierig. Ziemlich sicher gehört das
Auferlegen von undankbaren, als sinnlos empfundenen
Aufgaben zu den zehn wichtigsten Beschwerden von
Arbeitnehmern auf der ganzen Welt.
Wenn Sie in so einer Situation sind, dann *tun Sie es für sich*. Es
„für sich machen" bedeutet: Sie sind jetzt in dieser Situation,
egal, ob Sie sie gewählt haben oder hineingeraten sind. Wenn
es Ihnen zu teuer ist, aus dieser Situation wegzugehen, dann
sehen Sie die Aufgabe als Herausforderung, wie eines dieser
Hindernisse in einem Schlammrennen, als Hantel, als Hügel,
als Training. Als etwas, an dem Sie reifen und wachsen
können. Nicht an der drögen Aufgabe selbst, sondern daran,

dass Sie sie meistern. Dass Sie mit der Situation umgehen und *sich selbst überwinden*. Wer sich selbst überwinden kann, kann alles überwinden. Dazu braucht es oft nur einen klaren Entschluss im eigenen Kopf oder Herzen. Sprechen Sie ein Machtwort und gehen Sie es an.

Oder machen Sie ein Spiel daraus. Mario hat im Studium geschätzt, wie lange er *exakt* für die Aufgabe braucht und sie keine Sekunde vorher angefangen; manchmal in der Nacht vor dem Abgabetermin. Das machte die Sache natürlich etwas fordernder als die Aufgabe „nur" zu erledigen und aktivierte bei ihm die richtigen Antreiber.

Zusammenfassend für den Umgang mit Aufgaben:

Machen Sie Aufgaben klar und gehen Sie *die unangenehmste Sache, die Sie gerade schaffen*, konsequent an. Springen Sie über Ihren Schatten, seien Sie mutig und ein verlässlicher Freund für Ihr zukünftiges Selbst. Machen Sie Aufgaben klein wie eine Mahlzeit und gehen Sie sie Bissen für Bissen an. *Eat that frog!* Und wenn Sie sich Freizeit damit verdient haben, genießen Sie sie ohne schlechtes Gewissen und in vollen Zügen, um Lust auf neue Aufgaben zu bekommen!

Das war der Abschnitt über mentalen Brandschutz. Es ging darum, wie durch die Angst vor Kontrollverlust Stress entstehen kann, wie Sie durch eine realistische Einschätzung von Situation und Tagesform die Latte Ihrer Erwartungen nicht zu hoch legen, wie Sie durch Bedürfnispflege, leckeres Essen und traumhaften Schlaf unverwüstlich und belastbar werden und wie Sie Ihre Kräfte durch Priorisierung und das schlaue Umwandeln von Prokrastination in echte Erholung oder Produktivität so einsetzen, dass Ihr zukünftiges Selbst sich darüber freuen kann. Wir hoffen, der Abschnitt hat Ihnen gefallen.

Einstellung und Haltung

Neben der Möglichkeit, akut brennenden Stress mit allerlei Hilfsmitteln zu löschen und neben der Vielzahl an Wegen, sich durch geeignete Routinen robuster zu machen und geschickter mit der Umwelt umzugehen, gibt es etwas, das noch fundamentaler ist. Dieses Fundament ist etwas, auf das alle vorgeschlagenen Techniken und Methoden letztlich abzielen: Eine Haltung; eine Art, die Welt wahrzunehmen und mit ihr umzugehen. Und auch eine Art, sich selbst wahrzunehmen und mit sich umzugehen. Wie findet man eine liebevolle Leichtigkeit, eine vorbehaltlose Neugier, die nicht bevormundet und nicht verhätschelt? Die uns erlaubt, zu wachsen und zu erblühen und die Dinge fertig zu bringen, die wir für unser Leben ausgesucht haben? Wie führt man sich selbst im eigenen besten Sinne?

Menschenbild

„Edle Einfalt, stille Größe", so brachte Johann Joachim Winckelmann, (einer) der Begründer der Kunstgeschichte 1755 die Haltung auf den Punkt, die er als Gemeinsamkeit aus den Kunstwerken der antiken Griechen ablas. Er sah die antike griechische Ästhetik geprägt von der Grundannahme, dass der Mensch, auch in seinen schwächsten Momenten, im Ringen mit sich selbst und den Mächten und auch im Scheitern im Kern ein edles Wesen ist. Die Einfalt, die man heute vielleicht mit Schlichtheit und Klarheit übersetzen müsste, eine Art authentische, empfindsame Naivität, sah Winckelmann als den prägenden Grundton dieser Zeit. Eine Weise, zu fühlen und eine Weise, sich und die Welt zu sehen, deren künstlerischer Ausdruck *Schönheit* ist. Die Ästhetik der abgebildeten Körper ist Spiegel und Ausdruck des inneren Wesens. Die Körper sind schön und edel, weil alles am Menschen schön und edel ist.

Auch William Shakespeare legte Hamlet ein Menschenbild in den Mund, das weitaus weniger selbstkritisch ist als die, welche wir heute oftmals vorfinden:

> *„Welch ein Meisterwerk ist der Mensch!*
> *Wie edel durch Vernunft! Wie unbegrenzt an Fähigkeiten!*
> *In Gestalt und Bewegung wie bedeutend und wunderwürdig!*
> *Im Handeln wie ähnlich einem Engel!*
> *Im Begreifen wie ähnlich einem Gott!"*

Uns scheint im Zeitalter der Technologie, in welchem die Probleme stets mit den Lösungen mitzuwachsen scheinen, dieser Blick für die Einzigartigkeit des Menschen vielleicht verklärt. Aber ist dieses Menschenbild nicht auch inspirierend, erbaulich, Optimismus schürend und *schön*? Wer verbietet uns, die verborgene Ästhetik unseres Seins zu spüren und das Wunder unserer einmaligen Existenz anzuerkennen? Wer hindert uns, zu sagen, dass unser Leben, unsere Geschichte mit all seinen Wendungen schön ist?

Im ersten Abschnitt von *Einstellung und Haltung* möchten wir Ihnen zeigen, warum dieses Thema kein esoterisches ist, indem wir Ihnen zeigen, was die Wissenschaft bislang an Handfestem herausgefunden hat darüber, wie unsere kognitiven und emotionalen Routinen unseren Körper und unsere Gesundheit beeinflussen. Unsere Haltung macht das Leben nicht „nur netter" für uns. Es zeigt sich: Ob unser Körper so funktioniert, wie er soll, ist sehr direkt betroffen von unserer körperlichen und geistigen Haltung.

Wünsche und Wirklichkeit

Wir Menschen haben ein reiches Repertoire an Wünschen, Zielen und Absichten. Immerzu haben wir Ideen, wie wir im kleinen und im großen Maßstab unsere Situation verbessern können. Und jede Menge Vorstellungen davon, auf welche

Arten die momentane Situation oder das Leben überhaupt besser sein könnten. Und dann ist da die Wirklichkeit.

Zwischen einer brillanten, perfekten Vorstellung und der Wirklichkeit gibt es diese Lücke. Immer. Denn selbst dann, wenn alles ideal läuft oder sogar besser, als wir erhofft hatten, haben wir im Handumdrehen eine Idee, wie man diesen Zwischenerfolg noch übertreffen könnte. Die Lücke ist also da; und wenn nicht, machen wir sofort eine neue.

Wenn wir dieses Optimierungsspiel aus einer Lust und aus einer Gestaltungsfreude heraus unternehmen, spricht erst einmal nichts dagegen. Problematisch wird es, wenn wir beginnen, Schreckensszenarien zu entwickeln, vor diesen dann Angst haben und es uns schleichend zur Gewohnheit machen, in Sorge und Furcht zu leben. Denn das bedeutet Stress und der ist auf Dauer ungesund.

Man sagt ja sprichwörtlich, dass Geist und Körper eng zusammenhängen und dass Gedanken Wirklichkeit werden. Wir möchten an dieser Stelle mehrere Studien vorstellen, die diese Metaphern einmal ernst genommen haben und die einen klaren Zusammenhang zwischen unserer geistigen Haltung und rein somatischen, also *die Physik unseres Körpers betreffenden* Vorgängen herstellen konnten. Studien, die zeigen, warum Gedanken im engsten Sinne des Wortes *unsere Körper formen*.

Studien zu Geist und Körper: Morphin

Fabrizio Benedetti konnte in einer Studie 2003 zeigen, dass Patienten, die nach einer schweren Operation Morphin von einem Arzt injiziert bekamen, deutlich stärker verringerten Schmerz berichteten als Patienten, die von einer automatischen Pumpe die identische Menge des Schmerzmittels verabreicht bekamen. Die Erwartungshaltung der Patienten spielte also eine entscheidende Rolle. Bekannt ist dieses Phänomen in diversen Varianten als Placebo-Effekt.

Der Placebo-Effekt funktioniert übrigens selbst dann, wenn wir davon wissen. In einer Studie von Ted Kaptchuk aus dem Jahr 2010 bekamen Reizdarm-Patienten Medikamente, die ganz offen als Placebo ohne wirksame Inhaltsstoffe angekündigt wurden. Dennoch entfalteten die Schein-Medikamente die volle Placebo-Wirkung und kamen sogar der Wirkung von echten Medikamenten nahe. Die Neurologin Ulrike Bingel aus Essen konnte die Ergebnisse 2019 experimentell reproduzieren.

Studien zu Geist und Körper: Putzkräfte

Die Psychologin Alia Crum führte 2011 eine Studie mit 84 Putzkräften in sieben US-Amerikanischen Hotels durch. Sie fragte die Putzkräfte: „Treiben Sie regelmäßig Sport? Haben Sie ausreichend Bewegung?" Zwei Drittel der Befragten sagte nein. Und das, obwohl die Tätigkeiten der Putzkräfte körperlich strapaziös sind und sie zwischen 150 und 250 Kalorien pro Stunde bei ihrer Arbeit verbrennen (laut der Sporthochschule Köln knapp halb so viel wie beim Crossfit oder Skifahren). Diese Einschätzung durch die Befragten konnte Crum nicht fassen und fragte nach: Also gut, auf einer Skala von null bis zehn, wieviel Bewegung bekommen Sie so? Und ein Drittel der Befragten sagte *null*, überhaupt keine.

Daraufhin wurden die Teilnehmer in zwei Gruppen unterteilt und vermessen: Gewicht, Blutdruck, Körperfettwert, Zufriedenheit mit der Arbeit.
Einer der beiden Gruppen wurde ein Poster gezeigt mit dem Titel „Ihre Arbeit ist ein tolles Training!". In einem begleitenden, fünfzehnminütigen Vortrag wurde erklärt, dass die Arbeit alle Anforderungen der offiziell empfohlenen

Bewegungsmenge erfüllte und dass die Putzkräfte die gesundheitlichen Vorteile ihrer Betätigung spüren müssten.

Nach vier Wochen wurden die Teilnehmer frisch vermessen. Bei der Kontrollgruppe (ohne Poster) gab es wie erwartet kaum Veränderungen in der Kürze der Zeit. Die anderen 42 Frauen aus der Poster-Gruppe hingegen hatten im Durchschnitt in den vier Wochen anderthalb Kilo Gewicht verloren, ihr Blutdruck und ihr Körperfettwert waren gesunken und ihre Arbeitszufriedenheit war deutlich gestiegen. Laut Aussagen der Hotelmanager hatte niemand sein Verhalten grundlegend verändert oder trieb mehr Sport als zuvor. Das bedeutet, dass die körperliche Betätigung dieser Menschen erst dann ihre volle körperliche Wirkung entfaltete, *als ihnen bewusstwurde, dass sie ja den ganzen Tag über Sport treiben.* Die Erwartung begann, den Körper umzuformen.

Studien zu Geist und Körper: Milchshakes

Gemeinsam mit Kelly Brownell führte Crum danach ein weiteres Experiment durch. Das lief so:
Probanden bekamen 75 Dollar dafür, dass sie einen Milchshake tranken und dabei winzige Mengen Blut spendeten, damit der Verlauf des „Hunger-Hormons" Ghrelin im Blut verfolgt werden konnte. Ghrelin ist ein Peptid (so heißen einfache, kleine Eiweißmoleküle), das im Darm hergestellt wird; es macht Heißhunger und verlangsamt den Stoffwechsel. Sobald wir Nährstoffe zu uns nehmen, sinkt der Ghrelinpegel und der Stoffwechsel beschleunigt sich wieder.

Der Milchshake wurde zusammen mit einer Beschreibung serviert. Die hieß „Der Unschuldige" und war angegeben mit „null Fett, 140 Kalorien, null extra Zucker." Über den Zeitraum des Verzehrs sank der Blutwert des Peptids um durchschnittlich 20 Pikogramm.

Wenige Wochen später durften die Probanden das Experiment wiederholen. Diesmal bekamen sie einen Milchshake mit der Beschreibung: „Purer Luxus und echte Dekadenz." Dazu diese Zahlen: 620 Kalorien, 30 Gramm Fett, 56 Gramm Zucker. Bei diesem Milchshake sank der Ghrelinwert mit ca. 70 Pikogramm gut dreimal so stark. So, wie Ernährungsphysiologen das auch erwarten würde.

Die Pointe des Experiments ist, dass die Probanden zweimal den gleichen Milchshake mit 380 Kalorien bekommen hatten. Der einzige Unterschied bei den beiden zutiefst biomechanischen Vorgängen der Ghrelinspiegeländerung war die Erwartung der Probanden. Darum hieß die Studie auch *Mind over milkshakes: mindsets, not just nutrients, determine ghrelin response.* („Geist über Milchshakes: Erwartungen, nicht nur Nährwerte, bestimmen die Ghrelin-Reaktion"). Ein als wenig sättigend erwarteter Milchshake sättigte auch weniger, ein als wuchtige Kalorienbombe erwarteter sättigte auch wie eine. Das verblüffende Ergebnis des Experiments: Es war eben nicht nur die Erlebnisdimension, die von der Erwartung beherrscht wurde, sondern klar biomechanische Prozesse im Körper. Die Leute hatten nicht nur das Gefühl, dass der Milchshake sättigender war, ihr Darm und Körper reagierten auch so, als wäre er es wirklich gewesen.

Studien zu Geist und Körper: Stress-Framing

Shawn Achor und Scott Galloway führten nach der Finanzkrise 2008 eine Studie mit 300 Probanden mit hohem Stresspegel durch. Sie zeigten je einer Hälfte der Probanden einen dreiminütigen Film. Die Filme waren sehr ähnlich aufgebaut. Allerdings betonte einer der beiden ausschließlich die Gefahren von Stress, der andere die leistungssteigernden Vorzüge von Stress – oder wie wir hier sagen würden, von „Aufregung". In beiden Filmen wurden nur wahre Zusammenhänge genannt, allerdings war die Auswahl der

92

Daten und die Tendenz der Betrachtung entgegengesetzt. Der eine sagte im Wesentlichen „Stress ist gefährlich", der andere „Stress hilft uns, Höchstleistungen zu bringen".

Die Probanden sahen nur ihren dreiminütigen Film. Das genügte, um *vier Wochen später* einen gravierenden, messbaren Unterschied zwischen den Stress-Symptomen der beiden Gruppen festzustellen: Die Gruppe mit dem positiv konnotierten Film berichtete signifikant weniger Muskelverspannungen, Rückenschmerzen und Schlafprobleme als die andere Gruppe. Gleichzeitig punkteten sie auch höher bei Engagement und Leistungsfähigkeit. Ein dreiminütiger Film. Lassen Sie das mal auf sich wirken.

Studien zu Geist und Körper: Herzinfarkte

Für die 2011 veröffentlichte Studie *Does the Perception that Stress Affects Health Matter?* (etwa: „Macht die Auffassung, dass Stress krank macht, einen Unterschied?") über die Auswirkungen von Stress auf das Herzinfarktrisiko begleiteten Abiola Keller und ihr Team 30.000 US-Amerikaner über acht Jahre hinweg. Sie befragten die Teilnehmenden, wieviel Stress sie im vergangenen Jahr durchlebt hatten und auch, ob sie der Meinung waren, Stress wäre ungesund. Danach warteten die Wissenschaftlerinnen, welche Studienteilnehmer an Herzkreislauferkrankungen starben.

Ergebnis: Diejenigen Menschen, die ein hohes Maß an Stress berichteten, hatten ein um 43 Prozent erhöhtes Risiko, an einem Herzinfarkt zu sterben. Allerdings betraf das *ausschließlich* diejenigen unter den Gestressten, die auch angaben, Stress für schädlich zu halten. Im Gegenzug hatten diejenigen Teilnehmer, die angaben, viel Stress zu haben, diesen aber begrüßten oder für harmlos hielten, die *niedrigste* Sterblichkeit aller Teilnehmer. Sogar niedriger als diejenigen, die nur ein mittleres Level an Stress berichteten.

Die Konklusion der Studie ist, dass hochgerechnet *der Glaube, Stress wäre schädlich* auf Platz 15 der häufigsten Todesursachen in den USA steht. *Die Angst vor Stress* macht Aufregung erst zu Stress – und damit erst gefährlich.

Wie kommt es dazu?

Aufschluss bietet hier eine weitere Studie von Jeremy P. Jamieson und anderen. Sie führten mit Probanden den *Trier Social Stress Test* durch. Der funktioniert so: Als „Opfer" dieses Tests präsentieren Sie sich vor mehreren Personen in einem gestellten Bewerbungsgespräch, in welchem Sie spontan, ohne Vorbereitungszeit, über Ihre persönlichen Schwächen sprechen. Dabei werden Sie von einer Kamera aufgezeichnet und bekommen zusätzlich negative körpersprachliche Reaktionen von den „Managern"; Kopfschütteln, Pusten, Augenverdrehen, das volle Programm. Danach folgt eine mehrteilige Kopfrechenaufgabe, während der Sie verbal unter Druck gesetzt werden. All das, um Stressreaktionen hervorzurufen – was übrigens zuverlässig funktioniert.

Der springende Punkt in Jamiesons Studie: Einem Teil der Probanden haben die Durchführenden zuvor beigebracht, die körpereigene Stressreaktion als hilfreich und angebracht anzusehen. Als eine Art, wie der Körper zum Beispiel die Sauerstoffversorgung des Gehirns verbessert, damit man die Herausforderung besser meistern kann. Sie lernten, den Körper und die Aufregung als Freund und Verbündeten zu sehen.

Was war also das Ergebnis dieser Studie mit dem beeindruckenden Titel *Mind over Matter: Reappraising Arousal Improves Cardiovascular and Cognitive Responses to Stress* („Geist über Materie: Neubewertung von Erregung verbessert Herzkreislauf-bezogene und kognitive Reaktionen auf Stress")?

Die Teilnehmer, die *ohne* die Neubewertung der Körperreaktionen als „hilfreich" auskommen mussten, zeigten die üblichen Symptome von Stress: im Wesentlichen einen erhöhten Puls und verengte Blutgefäße. Bei den mental vorbereiteten Probanden hingegen blieben bei erhöhtem Puls die Blutgefäße *entspannt und geweitet*. So passiert das auch bei positiv erlebter Erregung, zum Beispiel einer freudigen Achterbahnfahrt. Oder in Situationen, in denen wir mutig handeln. Das ist der wichtigste Unterschied.

Dauerstress der ungünstigen Sorte (also die mit Angst) kann also Blockaden von Blutgefäßen begünstigen, wohingegen Aufregung allein die Blutgefäße nicht zusammenzieht. Maximal heruntergekürzt kann man also sagen: Stress kann zu Herzinfarkt führen, Aufregung nicht.

Ein weiterer wichtiger Punkt ist die vielleicht überraschende Tatsache, dass zu unserer Aufregungs-Reaktion die Ausschüttung des Kuschel-Hormons Oxytocin gehört. Oxytocin wird in sozialen Situationen wie körperlicher Nähe ausgeschüttet und aktiviert umgekehrt auch unsere soziale Ader: Wer Aufregung erlebt, wird Dank Oxytocin eher Hilfe suchen. Oxytocin entspannt die Blutgefäße und wirkt entzündungshemmend. Unser Herzmuskel hat Rezeptoren für Oxytocin; das Hormon kann bei der Regeneration von Herzzellen helfen. Aufregung (und Kuscheln) helfen dabei, das Herz zu heilen. Buchstäblich. Das legt nahe, dass soziales Verhalten unser Herzinfarktrisiko ebenfalls senken könnte. Ohne weitere Untersuchung wäre das aber Mutmaßung. Zum Glück wurde das bereits ebenfalls untersucht, und zwar in der Studie *Giving to Others and the Association Between Stress and Mortality* ("Teilen mit anderen und der Zusammenhang zwischen Stress und Sterblichkeit") von Michael J. Poulin und anderen.

Hierbei handelt es sich um eine Langzeitstudie mit 1.000 Leuten zwischen 34 und 90 Jahren. Ergebnis: Schicksalsschläge wie z.B. Geldsorgen erhöhten die Mortalität der Studienteilnehmer jeweils um 30% – *außer* für die Leute, die anderen regelmäßig *halfen*, zum Beispiel Freunden oder Nachbarn.

"Caring creates resilience", "Für andere Sorgen macht resilient", fasste die schottische Gesundheitspsychologin Kelly McGonigal das Ergebnis zusammen und fügt hinzu: „Chasing for meaning is better than avoiding discomfort." Also: Eine aufregende Tätigkeit, die erfüllend ist, ist gesünder, als es sich leicht zu machen und Unannehmlichkeiten zu vermeiden.

Aufregung wird also erst dann zu schädlichem Stress, wenn wir die Aufregung nicht wollen oder sie mit Sorgen und Ängsten verbunden ist. Die Aufregung einer Beschäftigung, die wir lieben, macht uns im Gegenteil stärker, robuster uns sozialer. Genießen Sie, wenn Ihr Körper in Fahrt gerät! Er tut das, um Sie zu stärken und Kräfte freizusetzen. Dafür ist er gemacht! Und zweitens: Wenn es Ihnen nicht so gut geht, kümmern Sie sich um andere. Anderen zu helfen macht uns robuster, mutiger und widerstandsfähiger.

Ist es nicht erstaunlich, wie Studien zeigen können, auf welche Weise unsere abstrakten Gedanken und unsere Gefühle, wie *die Art, wie wir Dinge bewerten*, sich direkt auf die Mechanik unseres Körpers auswirkt? Diese Studien zeigen eine direkte Verbindung zwischen dem, was Sie *glauben* und wie Ihr Körper in 15 oder 35 Jahren aussieht. Sie belegen endlich handfest, was Philosophen und Spirituelle schon vor Jahrtausenden ahnten. Gesundheit und Erfüllung winken also nicht denen, die Aufregung um jeden Preis vermeiden, um sich zu schonen. Ein gesundes und glückliches Leben führen wir, wenn wir Dinge tun, die uns erfüllen, egal, wie anstrengend sie sind. Weil die Aufregung dann gar nicht erst zu Stress wird.

Dankbarkeit
Das Geschenk, das weiter schenkt

Jetzt, wo Sie gesehen haben, was für einen direkten und wuchtigen Effekt Gedanken, also scheinbar abstrakte Informationen im Gehirn auf die physische Wirklichkeit Ihres Körpers haben, können Sie vielleicht auch die häufige Empfehlung, Dankbarkeit zu praktizieren, noch einmal ins Verhältnis setzen. Den Blick auf das eigene Glück zu richten, darauf, wie gut es einem geht, verändert nicht nur die eigenen Gefühle – obwohl auch das natürlich schon ein Mehrwert ist. Es verändert die Chemie in Ihrem Kopf und im übrigen Körper.

Ebenso wie *Ihre Haltung Aufregung betreffend* wird auch *Ihr Blick auf die Welt* mitbestimmen, wie Ihr Körper und Ihre Persönlichkeit in Jahren und Jahrzehnten aussehen. Es geht bei Dankbarkeit nicht darum, sich etwas vorzumachen, sich in die Tasche zu lügen oder Luftschlösser zu bauen. Nein, es meint das hier: Sie haben die volle Entscheidungsgewalt darüber, auf welche Aspekte Ihres Lebens Sie Ihren Blick und Bedeutsamkeit legen. Nehmen Sie angenehme Dinge nicht für selbstverständlich. Wenn Sie nie Rückenprobleme oder Zahnschmerzen haben, dann dürfen Sie sich darüber auch gelegentlich aktiv freuen. Mit demselben Recht, wie Sie sich ärgern würden, wenn Sie denn doch mal ein Wehwehchen hätten.
Diese Entscheidung, auf das zu schauen, was das Leben wunderbar und lebenswert und schön macht und es absichtlich und gezielt zu genießen, ist eben genau das: Eine Entscheidung. Die Entscheidung, das wertzuschätzen und zu betrachten, was uns glücklich macht. *Damit* es uns auch glücklich macht.

Unser Gehirn funktioniert in dieser Hinsicht ein kleines Bisschen wie die berüchtigten Algorithmen der großen Videoplattformen und Sozialmedien: Das, was Sie oft anklicken, wird Ihnen öfters angeboten. Wenn Sie aus der Menge Ihrer Gedanken, Gefühle und Erlebnisse immer denjenigen die Aufmerksamkeit schenken, die Sie wütend oder traurig machen, dann bekommen Sie mehr davon zu sehen. Wenn Sie lieber Sachen sehen wollen, die Sie froh und glücklich machen, lenken Sie Ihre Aufmerksamkeit auf die – und das geht besonders elegant mit Dankbarkeit.

Damit wir in Zukunft ganz von selbst, ohne Konzentration und ohne weiteres Zutun auf das schauen, was unser Glück ist, sollten wir es täglich üben, bis es zu unserer Gewohnheit wird und von selbst geschieht. Das ist es wohl auch, was Thich Nhat Hanh meinte mit seiner Abwandlung eines Gedankens von Abraham J. Muste:

> „Es gibt keinen Weg zum Glück.
> Glück ist der Weg."

Ego

Menschen sind Rudeltiere. Früher, als die Zeiten wesentlich rauer waren als heute, musste man als Rudelmitglied unbedingt wissen, auf wen man sich verlassen kann und auf wen nicht; wer „etwas taugt", die Gruppe schützt und schützen kann, wer den eigenen Vorteil hintenanstellt und eben ein Teamplayer ist. Durch diesen Druck entstanden sehr früh Konzepte wie Vertrauen, Ehre, Ansehen und Reputation. Auch in der sozialen Interaktion, beim Austausch von „Tratsch", geht es ja viel darum, wer von denen, die gerade nicht anwesend sind, etwas besonders Großartiges gemacht hat; und noch viel mehr geht es um Dinge, die Nichtanwesende angestellt und sich zu Schulden haben kommen lassen. Beim Tratschen tauschen wir Informationen aus, die wir von den Betroffenen selbst nicht bekommen könnten. Es werden Bewunderung und Kritik in Form von Anekdoten und Skandalen ausgetauscht. So wird die

Reputation anderer Rudelmitglieder in unserem Kopf herauf- oder herabgesetzt und wir vertrauen ihnen künftig entweder mehr oder weniger. Das kann übrigens schnell zu Missverständnissen und Konflikten führen, wenn die Leute, um die es geht, sich keiner Schuld bewusst sind, der tratschende Teil des Rudels sie aber plötzlich anders behandelt und in Vertrauen und Verantwortung herabstuft.

Außerdem ist das Tratschen ein anfälliger Regulierungsmechanismus, weil man über Verleumdung, verzerrte Darstellung oder glatte Lügen natürlich ungeliebte Mitglieder des Rudels und Konkurrenten in Misskredit bringen kann. Denn schon zu Urzeiten erhöhte ein Aufstieg in der Hierarchie den Zugriff auf Ressourcen; und in dieser einen Hinsicht ist es egal, ob man selbst durch Dienst und Leistung aufsteigt oder ob man dafür sorgt, dass andere an einem vorbei absteigen.

Heutzutage hat das Tratschen in der Boulevardpresse, beim sprichwörtlichen Teekränzchen, beim Latte Macchiato, in Sofortnachrichtendiensten oder in der Umkleidekabine das soziale Lausen ersetzt und hilft dabei, unsere Gesellschaft zusammenzuhalten. Sie sind die modernen Arten, unser Bedürfnis nach sozialer Orientierung und Gemeinschaft zu pflegen; zu Urzeiten, als man gemeinsam auf die Jagd ging oder Vieh versorgen und gesammelte Nahrung fair teilen musste, um es durch den Winter zu schaffen, waren Schutz und Pflege des sozialen Netzes überlebenswichtig.
Weil alle wussten, dass durch Tratsch alles herauskommen kann und man bestraft oder aus dem Rudel ausgestoßen werden könnte, bestand ein Druck, sich gruppendienlich zu verhalten und nicht nur den eigenen Vorteil zu suchen.

Wir haben ziemlich am Anfang, im Kapitel *Wendan, der kleine Leguan* gesehen, dass das *Selbst* ein Teil von uns ist, der zwischen uns und dem Rest der Welt unterscheidet und der unsere Vorhaben mit dem abgleicht, was die anderen wollen oder dulden würden.

Unser *Ego* hingegen ist ein Schutzmechanismus, der uns davor bewahren soll, zu kurz zu kommen, uns ausbeuten zu lassen oder durch Abrutschen in der Reputation zu Schaden zu kommen. Eine gute Reputation im Rudel ist mit Privilegien verbunden, ein möglicher Rausschmiss aus dem Rudel hingegen mit tiefsitzenden Urängsten. Wenn ein Wolf aus einem Rudel ausgestoßen wird, ist das ein schwerer Schlag. Ein einzelner Wolf kann nur kleine Tiere fangen und ist durch Feinde und ein engeres Nahrungsangebot existenziell viel stärker bedroht als ein Wolf in einem Rudel. Ein alleine lebender Wolf wird im Fall von Krankheit oder Verletzung nicht gefüttert und beschützt bis zu seiner Genesung. Auch die Chancen auf Fortpflanzung sind erheblich verschlechtert.

Das Ego genießt derzeit in der kulturellen Mehrheit einen schlechten Ruf. Menschen, die egoistisch sind, versuchen, für sich selbst das Maximum herauszuholen, stellen andere hinten an und lassen oft keinerlei Kritik an diesem Verhalten zu (um ihre Reputation zu schützen). Sie sind nicht bereit, solidarisch Nachteile in Kauf zu nehmen, um der Gruppe insgesamt zu helfen und gelten deshalb als wenig verlässliche Teammitglieder. So eine verbreitete Sicht. Die Ablehnung, die oftmals auf ein egoistisches Verhalten erfolgt, kann fürs Individuum zum Problem werden.

Umgekehrt haben Menschen, die jede Form von egoistischem Verhalten für sich pauschal ablehnen lediglich andere Probleme und Risiken als Egoisten. Sie sind zwar in der Regel beliebt, weil sie sich sozial erwünscht verhalten, werden aber bisweilen schamlos ausgenutzt und sind oft bereit, sich für ihre Position in der Gruppe oder für ihren moralischen Anspruch bis in den nervlichen oder realen Ruin hinein aufzureiben.

Das Ego hat also eine wichtige Funktion und eine Daseinsberechtigung; die Dosierung ist aber die Kunst. Wer nur auf sich schaut, hat bald keine Freunde mehr und muss alles selbst hinkriegen. Wer nie auf sich schaut, wird ausgebeutet und droht, sich kaputtzumachen.

Aufgrund der Erfahrungen, die wir in der Kindheit gemacht haben, als unser Temperament auf eine bestimmte Umgebung stieß, hat unser junges Gehirn aus vielen Erlebnis-Stichproben die Vor- und Nachteile des einen und des anderen Verhaltens abgeleitet und daraus eine strategische Tendenz gebildet, die insgesamt möglicherweise zu stark altruistisch oder zu stark egoistisch ist. Jetzt, als Erwachsene sind diese Mechanismen verinnerlicht und automatisiert. Aber sie sind genauso durch den Leguan Wendan zur Chefsache machbar wie unsere anderen Gewohnheiten auch.

Bedenken Sie: Es geht hier nicht darum, Kritik an Ihrem Wesen zu üben oder Sie in irgendeine Richtung umzuerziehen. Es ist aber wahrscheinlich, dass Ihre Persönlichkeit – falls Sie sich mit dem Thema noch nie bewusst auseinandergesetzt haben – auf der breiten Skala von „völlig selbstlos und altruistisch" bis „vollkommen egoistisch" einigermaßen festgelegt ist. Das kann auch in unterschiedlichen Lebensbereichen unterschiedlich ausgefallen sein. Und solange Sie damit gut fahren, ist das auch kein Problem. Es ist nur unwahrscheinlich, dass ein fest eingestelltes Verhalten *immer* passt. Wenn Sie stattdessen von Moment zu Moment die Entscheidung darüber haben, wie Sie sich in einer Situation verhalten, sind Sie flexibel und können jeweils das Optimum für sich und andere herausholen. Sie haben mehr Möglichkeiten und können sich frei entscheiden.

Was uns davon abhält, unser Verhaltensrepertoire zu erweitern, sind a) unsere Gewohnheiten und b) die Ängste, die diesen Gewohnheiten zugrunde liegen. Egoistisches

Verhalten begründet sich in der Angst, zu kurz zu kommen, ungerecht behandelt zu werden und zu wenig abzukriegen. Ob das jetzt materielle Werte sind oder Zuwendung, Einfluss oder andere Dinge, ist hierfür egal. Oft sind solche Ängste durch Erfahrungen begründet, an die wir uns vielleicht nicht einmal mehr erinnern können. Die Erfahrung war in dem Fall wie ein Siegelring, der längst weg ist, aber das Wachs unserer Persönlichkeit hat immer noch seine Form.

Altruistisches Verhalten bis hin zur Selbstaufgabe kann begründet sein in der Angst, abgelehnt und verstoßen zu werden. Auch hier ist es so, dass der Grund für das Verhalten vielleicht schon lange nicht mehr existiert, aber weil wir immer noch leben, nimmt unser Gehirn das als Zeichen dafür, dass es alles richtig macht. „Läuft doch", gewissermaßen.

Bedenken Sie: Die Stimme, die Ihnen sagt, dass Sie in einer Situation egoistisch sein müssen – genauso, wie die Stimme, die Ihnen sagt, dass Sie nicht egoistisch sein dürfen – ist nur ein Ratgeber von vielen in Ihrem Kopf. So, wie Ihre Emotionen und Gedanken nur eine Art von intensivem Film sind, der Ihnen präsentiert wird, ist auch Ihr Ego nur einer der Leinwandprotagonisten. Sagen Sie Ihrem Türsteher, dass er Ihnen Bescheid geben soll, sobald Ihr Interesse dem von anderen Menschen entgegensteht. Damit Sie bemerken, wenn es passiert. Das allein reicht möglicherweise noch nicht. Es kann nämlich sein, dass die konstituierenden Ängste immer noch im Hintergrund da sind und Sie deshalb nicht frei entscheiden können.

Die Ängste, denen Kinder ausgesetzt sind, können sehr intensiv sein. Sie haben noch nicht das Gegengewicht aus Erfahrung und Fähigkeiten, um sich diesen Ängsten stellen und geschickt mit ihnen umgehen zu können; und ihre Versorgung ist viel abhängiger von anderen. Inzwischen sind Sie aber Erwachsen und können das. Hier ein Rezept dafür:

1. Setzen Sie sich einmal hin und fragen Sie sich, wo Sie sich auf der Egoismus-Altruismus-Skala sehen würden.
2. Und dann fragen Sie sich nacheinander, wo andere Sie vermutlich sehen würden. Ihre Freunde, Ihre Verwandten, Kollegen und andere.
3. Versuchen Sie, zu ergründen, wovor Sie am meisten Angst hätten.

Das klappt, wenn Sie schonungslos und vorbehaltlos ehrlich zu sich sind (bekommt ja niemand mit) und ehrlich neugierig auf das Ergebnis. Sich selbst etwas vorzumachen und ein glanzvolles Selbstbild aufrecht zu erhalten, bringt Sie nur in die schwache Position, dass Sie Ihrem erlernten Verhalten gegenüber weiterhin ausgeliefert sind. Sie haben nichts davon, sich mit den Entscheidungen, die Ihr Kind-Ich vor vielen Jahren aufgrund von wenig Erfahrung getroffen hat, zu identifizieren und sie als richtig zu verteidigen. Sie waren damals ein anderer Mensch. Bei so einem komplizierten Thema würden Sie heute wohl auch nicht ausschließlich Kinder und Kleinkinder um Rat bitten, oder? Wenn Sie, um mit den Worten des Psychologen und Verhaltenstherapeuten Jens Corssen zu sprechen, ein „Selbstentwickler" werden wollen, wenn Sie besser werden wollen und Herausforderungen eleganter und einfacher meistern können wollen, müssen Sie wachsen können. Und das geht nur, wenn Sie sich diejenigen Dinge genau ansehen, die Sie momentan noch einschränken und einengen wie eine Schale. Und Ängste sind fast sicher ein Teil davon. Oder, um es ein bisschen flapsiger zu formulieren:

> „Wenn Du nicht auf Dein früheres Selbst zurückschauen und einsehen kannst, dass Du ein Idiot warst, dann bist Du vermutlich immer noch einer."

So, wie ein Leben in kraftvoller Gelassenheit den *Umgang mit Aufregung* braucht und nicht *ein Leben ohne Aufregung*, braucht ein gutes Leben in Freiheit und ohne innere Zwänge keine Furchtlosigkeit, sondern einen guten Umgang mit den natürlichen, normalen und gesunden Ängsten, die jeder Mensch hat. Ängste sind, wie Schmerz, zentrale Schutzmechanismen und leisten wichtige Dienste. Das funktioniert am besten, wenn man auf sie hört und sie nicht aus Furcht vor ihnen sich selbst überlässt und sie ignoriert, bis sie einen überrollen.

Fragen Sie sich doch einmal ganz direkt selbst, wovor Sie am meisten Angst hätten. Im Zusammenhang mit dem Ego wären hier am relevantesten: zu kurz zu kommen, ungerecht behandelt und missachtet zu werden; oder eben ausgestoßen, allein und auf sich selbst gestellt zu sein. Und wir versprechen Ihnen, wenn Sie in diesem Zusammenhang an Ihre Familie, Ihre Freunde, Ihre Kollegen denken, dann werden Sie eine Antwort bekommen. Entweder in Form von Sätzen. Oder auch in Form von Szenen, die Sie sich vorstellen, oder von Gefühlen. Diese Antworten sind Ihre persönliche Wahrheit. Wahrheit in dem Sinne, dass das Ihre wahren Ängste sind. Die können durchaus überspitzt formuliert sein oder drastisch oder übertrieben aussehen. Die funktionieren so. Aber dass das Ihre Ängste sind, ist Ihre Wahrheit.

Und wenn Sie diese Antwort haben, gehen Sie mit Ihrem erwachsenen Ich an diese kindlichen Urängste heran und schauen, was davon realistisch ist. Werden Sie verhungern? Werden alle Sie ausstoßen? Werden Sie allein unter einer Brücke erfrieren, von allen verlassen? Lachen Sie nicht, das sind Dinge, die Ängste uns im Geiste an die Wand malen und auf die wir reagieren. Und erst, wenn wir sie ans Licht holen, ihnen zuhören und ihnen die Wirklichkeit entgegenhalten, können wir sie ins Verhältnis setzen und verhindern, dass sie uns Grenzen setzen und steuern, ohne, dass wir das überhaupt bemerken.

Wir können uns vom Diktat unserer Ängste nur befreien, wenn wir erst einmal akzeptieren, dass wir wie jeder andere gesunde Mensch auch Ängste haben und dass das grundsätzlich auch gut und sinnvoll ist. Und wenn wir dann schauen, welche Ängste das bei uns sind. Und ihnen dann erklären, inwieweit sie berechtigt sind – und inwieweit unser Leben und unsere Situation jetzt eine andere ist als im Alter von vier oder acht Jahren. Dass wir jetzt mehr Dinge können. Und gute Freunde haben, die zu uns halten. Und dass wir alles haben, was wir brauchen. Und dass das auch nicht in Gefahr ist. Und was wir alles an konkreten, echten Möglichkeiten haben, um solche Schreckensszenarien sehr, sehr unwahrscheinlich zu machen. *Eine Angst, mit der Sie sprechen, hat keine Macht mehr über Sie und kann Sie nicht mehr steuern wie eine Marionette*. Sie wird integriert und mit Ihrem aktuellen Wissens- und Entwicklungsstand verbunden.

Reiben Sie sich nicht auf, um anderen zu gefallen. *Und* verprellen Sie andere nicht, indem Sie sie außer Acht lassen und nur an sich denken. Wägen Sie von Fall zu Fall ab. Nüchtern, freundlich, und vor allem: Ohne Angst.

Trick 7622: Wenn wir es schon geschafft haben, einzusehen, dass unser früheres Ich, damals, viel weniger wusste und konnte als wir heute – warum dann nicht auch das Ich von letztem Jahr? Oder letzter Woche? Oder vor fünf Minuten?

Je mehr man seine Identität loslassen kann, desto weniger engt es einen ein.

Muss man eine Meinung über sich haben? Ist das Pflicht?

Plus: Man weiß schon, dass man in einem Tag oder einer Woche über das jetzige Ich lachen wird.

Resilienz

Wie versprochen finden Sie hier nun einen Abschnitt, in dem wir uns ausführlich mit dem Begriff der Resilienz befassen und mit den verschiedenen Arten, auf die man die eigene Belastbarkeit und Resilienz gezielt stärken kann – im Innen und im Außen. Wie in den vorigen Abschnitten auch ist dafür nicht nötig, dass Sie *alle* diese Dinge unternehmen. Vielmehr möchten wir Ihnen auch hier einen Strauß von Möglichkeiten anbieten, aus dem Sie sich diejenigen Dinge herauspicken können, die Ihnen gerade gefallen. Und sollten Sie diese ausgesuchten Dinge irgendwann alle erfolgreich umgesetzt haben, dann kann niemand Sie davon abhalten, das Buch noch einmal zur Hand zu nehmen und sich etwas Neues auszusuchen.

Im nun folgenden Abschnitt des Buches geht es nacheinander um drei grundlegende Arten der persönlichen Veränderung und Entwicklung. Diese drei Arten sind:

1. Instrumentelle Veränderungen
2. Kognitive Veränderungen und
3. Regenerative Veränderungen

Wir beginnen mit Punkt eins, den instrumentellen Veränderungen. Also Veränderungen, bei denen wir im Außen vorhandene Ressourcen erkennen und gezielt bespielen, um sie für unsere Widerstandskraft nutzbar zu machen. Auch diese sind wiederum in drei Bereiche unterteilt:

1. a) Netzwerk
1. b) Zeitmanagement
1. c) Kommunikation

1. Instrumentelle Veränderungen

Geschichte(n) der Resilienz

1967 haben die Psychiater Thomas Holmes und Richard Rahe in den USA zahllose Menschen befragt, welche Erlebnisse bei ihnen den größten Stress verursacht haben. Sie haben den Leuten dazu eine Skala von 1 bis 100 angeboten, die heute als *Social Readjustment Rating Scale (SRRS)* bekannt ist oder eben auch als *Holmes und Rahe Stress-Skala*. Auf dieser Skala landete „der Verlust einer geliebten Person" mit 100 Punkten ganz oben und bildet damit den Gipfel der Stressoren. Das überrascht wenig. Bemerkenswert ist jedoch, dass auf dieser Liste auch viele Erlebnisse auftauchen, die gemeinhin als positiv angesehen werden, zum Beispiel Hochzeiten, Zusammenziehen, oder auch eine Schwangerschaft. Also auch solche Dinge, von denen wir annehmen, dass sie für die Betroffenen vor allem Freude bedeuten. Zum Teil landen diese Ereignisse sogar ziemlich weit oben auf dieser Skala. Sie können also trotz ihrer positiven Konnotation als Stressoren funktionieren und auch zu Langzeitstress führen.
Wie kann man solchen Stress regulieren? Eine Möglichkeit hierfür kann unser *Netzwerk* sein.

Emmy Werner von der UC Davis in Kalifornien hat auf der Insel Kauai ab den 1940er Jahren 45 Jahre lang Menschen aus dysfunktionalen Familien begleitet; Familien, bei denen die Eltern zum Beispiel arm waren, oder auch krank, oder gewalttätig. Die Studie wurde später in Neuseeland erneut durchgeführt. Werner fand unter den Kindern dieser Familien einige, die besonders resilient waren, die also mit den Belastungen besonders gut umgehen konnten. Diese Kinder hatten eine Gemeinsamkeit: Sie alle hatten in ihrem persönlichen Netzwerk mindestens eine wohlgesonnene

Person. Eine Person mit positivem Einfluss, die den Kindern Mut machte und ihnen etwas zutraute.

In einem persönlichen Gespräch mit Ben schätzte der Mainzer Resilienzforscher Klaus Lieb, dass Resilienz zu ungefähr 30 Prozent genetisch bedingt ist. Die übrigen 70 Prozent könnten durch Kultur, Umwelt und Epigenetik (also das adaptive An- und Abschalten einzelner Gene) beeinflusst werden. Wir haben weiter oben schon gesehen, welchen Effekt dreiminütige Filme oder Kurzvorträge entfalten können. Ein klarer Fall von „akut durch Umwelteinfluss verbesserter Resilienz". Deshalb sind auch Resilienztrainings sinnvoll – oder Bücher zu dem Thema. Experimentell bestätigt wurde das durch die Forschung von Prof. Martin Högel von der LMU München und Dr. Silja Hartmann von der FU Berlin.

Resilienz ist also nichts, was man entweder hat oder eben nicht. Und auch kein Merkmal wie Körpergröße, das zwar zum Beispiel durch Mangelernährung beeinflusst werden kann, aber im Wesentlichen im genetischen Programm festgeschrieben ist. Resilienz wird vielmehr als "dynamische Eigenschaft" angesehen. Stellen Sie es sich vielleicht ein Bisschen wie Dehnbarkeit vor. Menschen haben unterschiedlich dehnbare Muskeln und im Durchschnitt haben Frauen hier zum Beispiel Vorteile gegenüber Männern; aber ein regelmäßiges Stretching kann auch den Unbeweglichsten zum Yogi oder gar zum Kontorsionisten machen und die naturgegebenen Vor- oder Nachteile irrelevant machen.

Das Berliner Resilienzforum bezeichnet Resilienz deshalb nicht als feste, vorgegebene „Schlüsselfähigkeit" oder unterteilt sie in harte „psychologische Säulen", sondern behandelt sie als *Lernfelder*. Eben, um auszudrücken, dass man Resilienz lernen, üben und verbessern kann wie eine Sportart, ein Instrument zu spielen oder Muskelkraft.

Kehren wir zurück zu der erwähnten Langzeitstudie auf Kauai. Der wichtigste Faktor für die resilienten Kinder war also, dass es jemanden gab, der an sie glaubte. Klaus Lieb ergänzte, dass es auch eine Strategie für Menschen gibt für den Fall, dass da tatsächlich niemand ist. Wenn da kein Mensch ist, der einem beistehen kann, holen sich Menschen ihren Rückhalt oft in der Spiritualität. Anstatt jemanden zu haben, der an einen glaubt, glaubt man selbst an jemanden. Das funktioniert. Wir haben weiter oben gesehen, dass unser Körper auch das Geborgenheits-Hormon Oxytocin ausschüttet, wenn wir uns um andere sorgen. Und seine Liebe kann man buchstäblich überall verschenken. Entweder an etwas, das da ist, wie zum Beispiel ein Tier oder eine Stoffpuppe. Oder an eine Idee, ein Ideal, mythologische Kräfte und Figuren, unsichtbare Freunde, seine Heimat, im Grunde alles, was man sich vorstellen kann. Auch das funktioniert. Hier versetzt der Glaube innere Berge.

Ben hat miterlebt, dass es in der Corona-Pandemie denjenigen Menschen im Resilienztraining am schlimmsten ging, die direkt vor Ausbruch der Krise ins Ausland gezogen waren, dort eine neue Arbeit angetreten hatten, noch kein soziales Umfeld aufgebaut hatten und nun viel Zeit allein zu Hause verbrachten. Das deckt sich auch mit einer riesigen Studie von Edelman Data x Intelligence, die im Januar 2021 mehr als 31.000 Menschen weltweit befragte und die im Kern aussagt, dass Menschen umso härter mental von der Pandemie betroffen waren, je mehr der folgenden drei Eigenschaften sie vorwiesen: *Jung, weiblich, alleinstehend.* Führungskräfte waren laut dieser Studie übrigens weit weniger betroffen von der Krise als Angestellte; das hängt wiederum damit zusammen, dass junge, weibliche, alleinstehende Menschen besonders selten beruflich gut etabliert, schon lange im Job und eben Führungskräfte sind.

In Einzelcoachings erlebte Ben, dass seine Schützlinge mehrfach ihre geliebten Hobbies aufhörten und damit vollends in einen depressiven Zustand abrutschten. Er hörte Sätze wie „Ich wurde der Anzug", mit dem Menschen beschrieben, wie sie nur noch in ihrem Zentralnervensystem, im Kopf, steckten und ihren Körper kaum noch spürten.

Es wird oft unterschätzt, was für eine wichtige Ressource andere Menschen für einen selbst sind. (Auch wenn wir damit natürlich nicht sagen wollen, dass man Menschen je *nur* als Ressource ansehen sollte. Wir sehen das wie Immanuel Kant. Menschen müssen sich nicht als Mittel zu einem Zweck rechtfertigen, *Menschen sind der Zweck*).

Übrigens wird das auch und besonders im unternehmerischen Kontext unterschätzt: Wie wichtig gute Beziehungen sind, wird den Leuten oft erst bewusst, wenn es schon (fast) zu spät ist. Ben nutzt dann gerne Werkzeuge wie Angewandte Improvisation, WOL (Working Out Loud) oder wie Mario auch die kollegiale Fallberatung, wo die Teilnehmer die anderen als wichtige Ressource erkennen, für sich einsetzen und dabei gleich ihr Netzwerk erweitern.

a) Netzwerke

> *„Talent gewinnt Spiele, aber Teamwork und Intelligenz gewinnen Meisterschaften."*
>
> Michael Jordan

Benannt nach dem deutschen Soziologen Georg Simmel ist das Konzept der Simmel-Verbindungen (oder *Simmelian ties*), das Prof. David Krackhardt in einer wissenschaftliche Arbeit 1999 veranschaulichte. Diese Simmel-Verbindungen sind Dreiecke aus Personen, zwischen denen Kommunikation jeweils *in beiden Richtungen* fließt. Auch heute ist es in Institutionen wie Firmen oft noch so, dass sich Muster in die Kommunikation einschleichen, die einen gegenseitigen

Informationsaustausch verhindern. Gerade in hierarchischen Organisationen treten Mitarbeiter nach oben hin vor allem attraktiv auf und nach unten kraftvoll. Früher nannte man Teilnehmer in solch einem Betrieb mancherorts „Radfahrer", weil sie „nach oben buckeln und nach unten treten." So entsteht eine Kultur der Konkurrenz. Förderlicher für die Bildung von Vertrauen, von Ehrlichkeit und Resilienz wäre es genau andersherum.

Die Vorteile dieser Dreiecks-Struktur von Simmel-Verbindungen hat Ben in dem Max-Planck-Institut kennengelernt, in dem er seine Doktorarbeit geschrieben hat. Früher war es in allen Max-Planck-Instituten so, dass mehrere Doktoranden von einem einzigen Gruppenleiter betreut wurden. Wenn das Verhältnis zwischen beiden Parteien nicht mehr funktionierte, wurde die Resilienz von Doktoranden und Gruppenleitern gleichermaßen auf die Probe gestellt. Das kam im Vergleich zu anderen Arbeitsumgebungen recht häufig vor. Denn zusätzlich zu langen Arbeitszeiten, geringem Lohn und Erfolgsdruck kommt in der Grundlagenforschung der Faktor Glück dazu: Wer nicht zur richtigen Zeit das Richtige erforscht, erhält weniger Aufmerksamkeit, weniger Ressourcen und dadurch auch eine kleinere Chance, einen Durchbruch zu erzielen. Entstehen im Verlauf einer Doktorarbeit wenige oder negative Resultate, kann das auch schnell das Verhältnis zwischen Leitung und Doktorand beschädigen. Nicht selten führt das zum Abbruch der Arbeit und zu aufgeriebenen Geistern.

In vielen Instituten wurde deshalb gegengesteuert. Heutzutage haben die meisten Doktoranden mindestens zwei Betreuer, die sich in Komitees treffen, um die Arbeit gemeinsam zu besprechen. Ben kam es sehr zugute, dass er zwei Betreuer hatte und so eine Person im Konfliktfall jeweils als Moderator auftreten konnte. Menschen können dasselbe anschauen und völlig unterschiedliche Dinge sehen. Das

Dreieck wird aber erst dann zur Simmel-Verbindung und erfolgreich, wenn sich auch die Betreuer *untereinander* über die Arbeit des Doktoranden austauschen. Geschieht das nicht, entsteht etwas, das in der Netzwerkforschung als „Strukturelles Loch" bezeichnet wird. In ein solches fallen viele Doktoranden auch heute noch, denn oft werden auch im Forschungsbetrieb Kommunikationsfähigkeiten unterschätzt und ihre Schulung vernachlässigt.

So leidet die Psyche der Doktoranden auch im heutigen Forschungsumfeld verhältnismäßig oft (zeigten Levrecque und andere 2017).

Strukturelle Löcher sind ein Problem, weil sie die Funktionalität und den Wert eines Netzwerkes senken. Im Fachjargon heißt das: „Das soziale Kapital ist niedriger." Wie entstehen diese Netzwerklöcher?

Dem amerikanischen intelligenzforscher James Flynn ist durch seine Untersuchungen aufgefallen, dass Intelligenz nicht automatisch bedeutet, dass gewonnenes Wissen auch außerhalb des eigenen Fachbereiches anwendbar ist. Das Fehlen von kritischem Denken und der Fähigkeit, Konzepte im eigenen Kopf situativ neu zu ordnen, führt in Krisensituationen zu löchrigen Netzwerken. Auch, wenn wir gelernt haben, Probleme allein und ohne Einbezug der anderen zu lösen. Wir bauen dann soziale Netzwerke, die so löchrig sind wie die von Spinnen, die zu Versuchszwecken unter Einfluss von LSD Netze woben – Netze, die überall Löcher aufweisen und kaum noch tragen, wenn der Wind pfeift.

Deswegen ist es schlau, zu lernen, wie man über Kommunikation engere soziale Netzwerke aufbaut und Leute dazu bringt, miteinander zu kommunizieren. Techniken hierfür können *Fragen* sein und das *Aushalten von Stille*; oder auch, achtsamer zu werden in der Kommunikation. Ben wendet dafür bei schwierigen oder kritischen Gesprächen gerne die

Spiegelstimme an, das ist das geistige Mitsprechen dessen, was der andere gerade zu uns sagt. Oder auch das geistige Wiederholen dessen, was der andere mir gerade gesagt hat, bevor ich antworte. Die Worte des anderen nachklingen zu lassen macht die Kommunikation ein wenig langsamer – und das ist gut. Denn es gibt uns zum Beispiel Zeit, zu verstehen, ob die Person gegenüber zu einer Lösung kommen möchte, oder ob sie gehört werden will.

b) Zeit und Zeitmanagement

> „Zeit hat man nicht. Man nimmt sie sich."

> sagt Mario gerne

Starke Beziehungen zu Menschen aufzubauen, Beziehungen, die uns Kraft geben, wenn wir sie brauchen und in der wir diese Kräfte dann sinnvoll einsetzen können, ist also ein wichtiges Element für unsere Widerstandskraft. Gemeinsam geht eben alles leichter. Doch nicht nur der Umgang mit Menschen bestimmt darüber, wieviel Kraft wir benötigen und ob unsere eingesetzten Kräfte einen guten Hebel haben und etwas bewirken. Auch der Umgang mit der eigenen Zeit ist essenziell für ein bedeutungsvolles Leben, bei dem sich Krafteinsatz auch lohnt und in dem man sich nicht an Stellen aufreibt, wo es sich gar nicht rentiert.

Das Gefühl, keine Zeit zu haben und allem hinterher zu hetzen ist eine fabelhafte und überaus beliebte Quelle für Langzeitstress. Scherz mal eben beiseite: In der Selbstorganisation stellen Menschen sich viele Fallen. Evolutionär sind unsere Gehirne nicht darauf optimiert, zahllose verschiedene Vorhaben abstrakt zu gewichten, zu priorisieren und abzuarbeiten. Wir können das lernen, aber es ist eben nichts, das wir wie Gehen oder Sprache „irgendwie nebenher aufschnappen" und scheinbar von selbst automatisch können. Wenn Sie sich über die Eisenhower-Matrix hinaus Kompetenzen im Zeitmanagement aneignen wollen, empfehlen wir hier das weiter oben erwähnte Buch von Brian Tracy, *Eat that Frog* (heißt auch auf Deutsch so) oder auch die Methode von Zeitmanagement-Guru Irving „Ivy" Lee, die aus sechs Schritten besteht. (Seite gegenüber)

Wenn sich für Sie eine andere Zahl als sechs Tätigkeiten bewährt, zögern Sie nicht, sich die Methode zu eigen zu machen und die Zahl spontan oder dauerhaft anzupassen. Mario sagt: Wenn ich mir abends schon Sachen für den nächsten Tag vornehme, auf die ich mich freue, wache ich ganz anders auf. Ich bin schneller wach, weil ich es gar nicht erwarten kann. Außerdem schlafe ich besser ein, weil ich keine Ungewissheiten habe und deshalb nicht grübeln muss – das habe ich vorher schon erledigt.

> Anekdote zur Ivy-Lee-Methode: Lee stellte seine Methode dem Präsidenten einer Stahl-Firma nach dem „bezahle, was es Dir wert ist"-Prinzip vor und brauchte für die Präsentation nur einige Minuten. Der Kunde wurde einer der reichsten Amerikaner des 20. Jahrhundert und sagte, die Methode war der beste Rat, den er je bekommen hatte. Er bezahlte Lee inflationsbereinigt etwa 400.000 Dollar.

Hilfreich für ein gutes Selbstmanagement sind auch eine positive Grundhaltung, eine Prise Optimismus und die Fähigkeit, das zu verwenden, was man zur Verfügung hat. Schön in Worte gefasst hat diese Haltung Richard Turner, ein US-Amerikanischer Kartentrick-Zauberer. Aufgrund einer Scharlach-Infektion im Kindesalter erblindete er in den Folgejahren. Das Mitleid, das ihm daraufhin entgegengebracht wurde, erwiderte er in einem TV-Interview mit der Aussage, er habe nicht das Augenlicht verloren, er habe zehn Augäpfel hinzugewonnen – und hielt seine Fingerspitzen in die Kamera. Er fügte hinzu, die einzigen *wirklichen* Behinderungen seien Faulheit und Prokrastination.

Die Ivy-Lee-Methode

Schritt eins, Ziele festlegen: Was wollen Sie konkret in den nächsten Wochen, Monaten und Jahren erreichen? Diesen Schritt müssen Sie nicht jeden Tag wiederholen. Dafür die kommenden fünf Schritte

Schritt zwei: Planen: Legen Sie am Abend die sechs wichtigsten Dinge fest, die für den kommenden Tag zu tun sind. Idealerweise helfen diese Tätigkeiten bei der Zielerreichung.

Schritt drei, Priorisieren: Ordnen Sie die sechs Aufgaben nach Wichtigkeit. In dieser Reihenfolge sollen die Aufgaben auch angegangen bzw. abgearbeitet werden.

Schritt vier, Umsetzen: Arbeiten Sie die Aufgaben am nächsten Tag ab. Beginnen Sie die jeweils nächste Aufgabe erst, wenn die aktuelle abgeschlossen ist, um nicht in die Mulitasking-Falle zu tappen.

Schritt fünf, Überprüfen: Ist die Liste von gestern noch aktuell? Sind Aufgaben obsolet geworden? Ist Neues, das wichtig und dringend ist, hinzugekommen? Bleiben Sie flexibel. Die Liste ist eine Orientierung, kein Gesetz.

Schritt sechs, Ritualisieren: Abends wird die neue Liste für den kommenden Tag geschrieben. Dinge, die nicht abgeschlossen werden konnten, kommen auf die neue Liste. Wenn die Methode konsequent täglich angewendet wird, braucht sie keine Überwindung mehr und entfaltet ihre ganze Wirksamkeit.

Wo ein Wille ist, ist eben auch ein Weg. Und für den Willen braucht es etwas, das uns inspiriert oder das uns ein Gefühl der Notwendigkeit vermittelt.

Was ist die Sache, für die Sie gelebt haben wollen? Ja, es sind mehrere Antworten erlaubt. Nicht erlaubt ist „Geld".
Warum?
Weil Geld selbst ein Mittel ist und keinen Selbstzweck hat. Wenn Ihre intuitive Antwort Geld wäre, überlegen Sie sich, was Sie damit machen würden, wenn Sie beliebig viel davon hätten.
Halten Sie einmal inne und überlegen Sie, was Ihre Antwort auf diese Frage ist. Dort warten die Dinge, für die Sie keine Kraft brauchen und die Ihnen ohne Mühe von der Hand gehen.

Turners Hinweis auf Prokrastination und darauf, wie wir uns als Menschen mit dem Vorunsherschieben von Aufgaben quälen und stressen können, hat Ben nachdenklich gemacht.

Durch den erzwungenen Digitalisierungsschub in der Corona-Pandemie sind mit *Homeoffice* und *mobile office* Arbeit und Privatleben ineinandergeflossen. Über die Laptops kamen unsere Kollegen zu uns aufs Sofa und plötzlich tauchten unsere Wohnzimmer, Haustiere, Partner und Kinder virtuell im Büro auf. Wir konnten plötzlich Samstagnacht arbeiten und dafür am Dienstagnachmittag einen Spaziergang machen (je nach Arbeitgeber). Dadurch stellte sich die Frage der Arbeitszeit plötzlich Millionen von Menschen in einer Weise, die zuvor nur Selbständige kannten:

Wieviel muss ich arbeiten?
Wieviel kann ich arbeiten?
Wieviel sollte ich arbeiten?

Mario hatte bis zur Corona-Krise ausschließlich selbständig gearbeitet. Eine der schwierigsten Dinge, die er dafür zu lernen hatte, war, wieviel genug ist – und auch einmal Feierabend zu machen, wenn er noch hätte arbeiten können. Und kein schlechtes Gewissen dabei zu haben.

Die klare Trennung von Leben und Arbeit, wie unsere Elterngeneration sie als selbstverständlich kannte, ist für die meisten Branchen passé, vermutlich für immer. Das gibt viele Möglichkeiten und bietet mehr Freiheit – mit der man aber auch erst umzugehen lernen muss. „Wie schaffe ich es denn, wirklich einmal abzuschalten?" wird Ben in seinen Kursen regelmäßig gefragt. „Wie teile ich mir die Arbeit ein? Wie setze ich mir selbst eine harte Deadline?"

c) Kommunikation

„Man kann nicht *nicht kommunizieren*."

Paul Watzlawick

Kommunikation hat immer mit Erwartungen zu tun. Und diese machen wir in der Regel vom Kontext abhängig. Das Schweigen des eigenen Partners wird beim gemeinsamen romantischen Picknick anders gedeutet, als wenn man gerade viel zu spät nach Hause gekommen ist und sich wortreich zu entschuldigen versucht. Wir machen Annahmen darüber, was die Wahrnehmung, Emotionen und Beweggründe unseres Gegenübers sind und gehen davon aus, dass unser Gegenüber das auch tut. Über die Zeit hinweg etablieren sich durch wiederkehrende Kontexte oder durch gleichbleibende Teile des Kontexts Standards – und damit auch Erwartungsrahmen. Ein solcher Erwartungsrahmen ist geeignet, um geistige Energie zu sparen, die man sonst für die Ermittlung des Kontexts jedes Mal frisch aufwenden müsste.

Aus der Psychologie gibt es hierzu „The Power of Default", also in etwa „die Macht voreingestellter Standards". Ein Beispiel für einen Freiheitsgrad, um den man sich gegebenenfalls kümmern muss, ist Organspende; also die Frage, ob man Organspender sein möchte. In manchen Ländern gilt man, bis man aktiv widerspricht, automatisch als Organspender. Die Freiheit ist dieselbe, ob man sich jetzt aktiv dafür oder aktiv dagegen entscheiden muss. Der Unterschied ist, auf welche Seite diejenigen fallen, die sich nie mit dem Thema befasst und aktiv entschieden haben. Selbstredend haben die Länder, die *Organspender* als Grund-Standard haben, viel mehr Spender als die anderen.

Menschen wählen in der Regel den einfachsten und ressourcenschonendsten Weg. Wenn wir dieses Prinzip nun also für unser Zeitmanagement oder die Balance zwischen Beruf und Freizeit nutzen wollen, stellt sich die Frage:

Was ist *unser* Default? Was tun wir von uns aus, was funktioniert von selbst, ohne Konzentration und Energieeinsatz? Und wie können andere Menschen dabei helfen, uns hier zu regulieren?

Ben und Mario beziehen sich an dieser Stelle und in Führungskräftetrainings gerne auf das Modell *The Four Tendencies* von Gretchen Rubin. Das Buch wurde auf Deutsch sehr unvorteilhaft mit „Die vier Happiness-Typen" übersetzt. Worum geht es hier?

Bei den vier Tendenzen geht es erstens darum, wie Menschen mit selbst gefassten Vorsätzen umgehen. Und zweitens darum, wie sie instinktiv auf Erwartungen reagieren, die von außen an sie herangetragen werden. Es gibt vier mögliche Kombinationen, aus denen diese vier Typen hervorgehen:

Typ	Eigene Vorsätze	Erwartungen von außen
Upholder ("Macher")	Gerne! Upholder können eigene Vorsätze durchziehen, auch wenn niemand nachfragt oder kontrolliert. Markenzeichen: Kleines Notizbuch mit gut gepflegten Todos.	Gerne! Upholder können dank der guten Selbstorganisation aufgetragene Arbeiten zuverlässig erfüllen und sperren sich auch nicht dagegen. Nachteil: Sie nerven gelegentlich andere mit übertriebener Strukturiertheit.
Questioner ("Frage-steller")	Gerne! Questioner können eigene Vorsätze durchziehen, wenn sie verstehen, wofür sie gut sind. Sie machen sich die Vorsätze zu eigen und beschließt sie dann, wenn sie angebracht sind. Also nicht nur zu Silvester.	Bitte nicht! Questioner lehnen Kommandos von außen ab, wenn sie den Sinn dahinter nicht verstehen. Wenn es jedoch eine plausible Erklärung gibt und Einsicht aufkommt, wird die äußere Erwartung zum eigenen Vorsatz. Siehe dort.
Obliger ("Mann-schafts-spieler")	Bitte nicht! Obliger haben Mühe, selbst gefasste Vorsätze durchzuhalten, wenn niemand von außen nachfragt oder es einfordert. Obliger sehen eigene Vorsätze als eher unverbindlich.	Gerne! Obliger folgen klaren Ansagen von außen sehr gern und gewissenhaft. Sie stellen sich selbst auch hintenan, um der Gruppe zu helfen. Das kann bis zur Selbstaufopferung gehen.
Rebel ("Rebell")	Bitte nicht! Rebellen schränken ihre zukünftige Freiheit nicht künstlich ein, sondern entscheiden von Fall zu Fall.	Bitte nicht! Rebellen reagieren allergisch auf Kommandos. Werden Dinge *erst recht nicht* tun, sobald es eine Art von Befehl von außen gibt.

Falls Sie bei der Kurzbeschreibung schmunzeln mussten, weil Sie sich oder andere darin erkannt haben, dann liegen Sie vermutlich richtig. Es gibt online einen kostenlosen Schnelltest, der nur eine Emailadresse für die Auswertung verlangt. Allerdings sind die Fragen ziemlich transparent gestaltet und Sie können auch ohne die automatische Auswertung sehr schnell eingrenzen, welcher Typ Sie sind. Außerdem finden Sie online auch einen kompakten, nett gemachten Animationsfilm, der das Modell erklärt.

Dieses Modell basiert im Kern auf den Forschungsergebnissen der Psychologen Fritz Riemann und Christoph Thomann. Ursprünglich auf Basis psychologischer Störungen haben die beiden Wissenschaftler abgeleitet, welche Bedürfnisse wir Menschen in Balance halten, um in der Gesellschaft zu bestehen. Daraufhin entwickelten sie die *Riemann-Thomann Achse*, auf der sich Freiheit (Rebell) und Struktur (Macher), sowie Innenorientierung (Fragesteller) und Außenorientierung (Mannschaftsspieler) jeweils gegenüberstehen.

Obwohl Rubins Weiterentwicklung dieses Modells unserer Kenntnis nach noch nicht unter Einhaltung wissenschaftlicher Standards auf Herz und Nieren geprüft wurde, ist es empirisch gut belegt. Es wirkt sehr griffig und viele Menschen finden es in Bezug auf sich selbst und Ihre Mitmenschen einleuchtend und erhellend. Außerdem ist bemerkenswert, dass diese Persönlichkeitsdimension offenbar mit keinem anderen psychologischen Merkmal korreliert und es daher wohl eine ganz eigene Dimension ist, die Riemann/Thomann und Gretchen Rubin hier entdeckt und ergründet haben.

Aus Tests mit vielen Tausend Menschen weiß Rubin empirisch, dass die vier Typen in der Bevölkerung nicht gleichverteilt sind. Rebellen sind mit 17% der seltenste Typ. Der häufigste Typ ist mit ca. 40% der *Obliger*, der Mannschaftsspieler, der lieber etwas für andere tut. Und damit kommen wir zurück zu der Möglichkeit, sich über andere Menschen zu regulieren.

Dank diesem hohen Anteil von 40 Prozent haben praktisch alle Führungskräfte auch Personalverantwortung für *Mannschaftsspieler*. Diesen Führungskräften rät Mario, die Selbstfürsorge zu externalisieren. Was heißt das?

Mannschaftsspieler tendieren dazu, für die anderen alles zu geben und dabei auch vor Raubbau an sich selbst nicht Halt zu machen. Wenn die Mannschaftsspieler im Homeoffice sind, kann man sie schlecht nach Hause schicken, wenn sie beginnen, sich zu überarbeiten. Deshalb sollte die Führungskraft dem Mannschaftsspieler dabei helfen, sich die Autorität zur Selbstfürsorge von außen auszuleihen. Konkret heißt das: Sagen Sie dem Mannschaftsspieler, dass er oder sie laut Arbeitsvertrag erholt und arbeitsfähig auftauchen muss und dass Sorgfaltspflicht besteht. Der Arbeitgeber und die Teammitglieder haben einen Anspruch darauf, dass der Angestellte sich nicht kaputt macht und sich so pfleglich behandelt, dass er auch in Wochen und Monaten noch voll einsatzbereit ist. Er oder sie möge das bei Entscheidungen, die die Arbeit und das Arbeitspensum betreffen, berücksichtigen. Das setzt natürlich voraus, dass die Führungskraft bereits verstanden hat, dass alle besser damit fahren, wenn Teammitglieder sich nicht verbrennen.

Wenn Sie selbst Mannschaftsspieler sind, können Sie sich diese berechtigte Ermahnung durch eine Führungskraft auch einfach *vorstellen*, um Kräfte für Selbstfürsorge zu entfesseln.

Auch außerhalb der Arbeitswelt können Sie sich andere Leute „ausleihen". Wenn Sie regelmäßig laufen gehen wollen, suchen Sie einen Tandempartner, der bei Ihnen klingelt und wartet, bis Sie herauskommen. Wenn Sie gemeinsam kochen wollen, machen Sie konkrete Termine mit Freunden aus.

Wenn Sie mehr Sport machen oder singen wollen, finden Sie einen Sportverein oder einen Chor oder eine Band. Wenn Sie ein Mensch sind, der findet, dass das, was er selbst will, nicht so wichtig ist, hängen Sie sich an die Erwartungen anderer. Das hat nichts mit Manipulation oder Trickserei oder dem Ausnutzen anderer zu tun, sondern das ist einer der Gründe dafür, warum wir gemeinsam stärker sind und was es bedeutet, ein soziales Wesen zu sein. Sie sind für andere da, weil es sich gut anfühlt. Gönnen Sie den anderen das auch, indem Sie ihnen erlauben, auch für Sie da zu sein!

Zusammenfassung:

Zu spüren, dass jemand zu uns hält, macht uns stärker. Ebenso macht uns stärker, zu anderen zu halten. Wenn wir uns auf dem Weg zu unseren persönlichen Zielen kleine, machbare, konkrete Schritte machen, wissen wir zu jeder Zeit, mit welcher Kleinigkeit wir uns dabei helfen können, den Zielen näher zu kommen. Wenn wir wissen, wie wir in Bezug auf unsere *eigenen Vorsätze* und *Erwartungen von außen* ticken, können wir lernen, besser mit uns selbst umzugehen. Wenn wir dasselbe über andere wissen, können wir ihnen helfen, ohne dabei manipulativ zu sein. Man vermeidet einfach unnötige Widerstände, wenn man einem *Fragesteller* direkt gute Gründe mitgibt oder *Rebellen* nur die Sachlage erklärt und sie dann selbst entscheiden lässt. *Mannschafsspielern* hilft man, indem man Sie daran erinnert, dass ihre Verantwortung Leuten gegenüber auch sie selbst einschließt. Und wenn Sie selbst ein Mannschaftsspieler sein sollten, suchen Sie sich andere und werden Sie Teil eines Rudels, das auf Sie zählt. Die werden Sie als Mensch mit Mannschaftsgeist lieben! Wenn Sie mit Menschen zu tun haben, die hervorragend organisiert sind, sehen Sie es ihnen nach, wenn ihnen Struktur sehr wichtig ist.

Wenn *Ihnen* Struktur sehr wichtig ist, weil Sie selbst ein *Macher* sind, lassen Sie die Struktur für andere auch mal los, wenn es um Dinge geht, die nicht Allesentscheidend sind. Und wenn Sie selbst ein *Rebell* sind, wären Sie vermutlich ohnehin nicht begeistert, wenn wir Ihnen erzählen, wie Sie sich verhalten sollen. Deshalb nur ein Gedanke zur Inspiration: Wenn Sie es nicht mögen, von anderen gegängelt und kontrolliert zu werden, dann ist dagegen überhaupt nichts einzuwenden. Deshalb lassen Sie sich doch auch, wenn Sie etwas wollen, nicht von Ihrem Rebellentum beschränken. Ob jemand anderes etwas vorgeschlagen oder verlangt hat, das Sie zufällig auch wollen, sollte Sie in Ihrer freien Entscheidung nicht einschränken.

2. Kognitive Veränderungen

In diesem Abschnitt geht es um Dinge, die wir *in uns* verändern können auf unserem Weg zu unerschütterlicher Gelassenheit. Wir haben drei Bereiche ausgewählt, auf die wir Menschen (zumindest ab und zu) mit unserer Aufmerksamkeit einen gewissen Einfluss haben und die deshalb Dinge sind, die wir in unserem Sinne verändern und verbessern können. Diese drei Bereiche sind:

a) Emotionen
b) Denken
c) Entscheidungen

a) Emotionen und Gefühle

Viele Menschen verwenden die beiden Begriffe *Emotionen* und *Gefühle* gleichbedeutend und austauschbar. Für den Alltagsgebrauch ist das kein Problem. Es handelt sich aber um verschiedene Dinge.

Der Begriff „Emotion" zeigt sprachgeschichtlich an, dass hier etwas in Bewegung ist. Emotionen sind also bestimmte *Regungen* unseres Denk- und Gefühlsapparates.

Über unsere Sinnesorgane im ganzen Körper erreichen uns in jedem Augenblick zahllose Signale. Wenn uns einmal das Bein einschläft und bei der kleinsten Berührung Tausende von Kribbelfunken Fuß und Bein durchzucken, dann bekommen wir eine Ahnung davon, was zu jedem Zeitpunkt aus allen Ecken des Körpers von unserer Aufmerksamkeit weitgehend unbemerkt an Signalen auf unser Gehirn einprasselt. Denn dieses Kribbeln von Nerven ist eigentlich immer da; nur spüren wir es nicht, wenn wir keinen Nerv zuvor durch Quetschen gereizt haben. Dieses Nervenkribbeln, das sind *Gefühle*. Diese Gefühle, Tausende von Nervenimpulsen, werden von Gehirnregionen, die älter sind als die Menschheit in einen Zusammenhang gesetzt und gedeutet. Diese Deutung versetzt unseren Körper sogleich in einen Zustand, der als geeignet angesehen wird für die Reaktion auf die wahrgenommene Außenwelt; der Körper wird also zum Beispiel beruhigt oder leistungsbereit gemacht. Durch den veränderten Körperzustand wird wiederum die gesamte Wahrnehmung geprägt und es entsteht aus dieser Signal-Gesamtheit und ihrer Deutung ein *Emotionsereignis*.

Unser Deutungsrahmen wird gebildet aus Erfahrungen, Erinnerungen und unserer Persönlichkeit, die selbst natürlich wiederum aus Erfahrungen gebildet wurde, als das eigene Temperament auf eine bestimmte Umwelt stieß. Und dieser durch Gefühle auf seine ureigene Art aktivierte *Deutungsrahmen* ist eine *Emotion*.

Wenn man also das Bild der „rosa Brille" für Verliebtsein hernähme, dann wäre das durch die Brille hereinfallende Licht das Gefühl – und die Emotion wäre die Färbung dieses Lichts, also in diesem Fall rosa.

Oder wenn man Musikinstrumente als Metapher nähme, dann wären Klopfen, Streichen, Zupfen und Pusten Beispiele für Gefühle, die auf das Instrument einwirken. Der entstehende Klang und die Klangfarbe (hier die Emotionen) hängen dann aber natürlich vor allem von der Art des Instruments und wie es gerade gestimmt ist ab. Auch, wenn man auf dieselbe Art *klopft*, wird ein Cello anders klingen als eine Pauke oder eine Querflöte. Ein Cello oder ein Schlagzeug werden auf Pusten kaum ansprechen, die Oboe kaum auf Streichen. Außerdem können die momentane Temperatur oder eben die Stimmung des Instruments den Klang natürlich prägen.

Und zu was für einem „Instrument" wir herangewachsen sind, hängt von vielen Faktoren ab; unserem Temperament, Umgebung, Erziehung, Genetik und allen möglichen Erfahrungen. Sie sind das Holz, aus dem wir geschnitzt sind und wie wir, und das Leben, uns geschnitzt haben.

Wenn man diese Unterscheidung von Gefühlen und Emotionen verstanden und verinnerlicht hat, dann ist es hilfreich, sie bei diesem Thema immer mitzudenken. Das erlaubt es, ein Stück weit zur natürlichen Sprache zurückzukehren. Oft hat die natürliche Sprache Begriffe, die unser Erleben sehr genau beschreiben und die besser verständlich sind, zum Beispiel „Gefühlsregungen". Da wir nun wissen, dass die Gefühle die Auslöser sind und die Emotionen das, was sich da regt, müsste es im Grunde „Emotionsregungen" heißen. Auf solche Spitzfindigkeiten und Wortschöpfungen möchten wir hier aber verzichten. Der renommierte Neurowissenschaftler António Damásio machte in seinen Publikationen zunächst klar, wie er Gefühle und Emotionen gegeneinander abgrenzt und wechselte dann zum Teil in eine natürlichere, eben nicht immer trennscharfe Sprache zurück. Wir finden diese Vorgehensweise gut. So werden die Vorteile einer möglichst klaren Unterscheidung mit denen der natürlichen Sprache vereint.

Diese Unterscheidung von Gefühlen als „gesamtes Eingangssignal" und Emotionen als „Bewertungsrahmen" macht klar, dass zwei Menschen auf das exakt gleiche Gefühl, auf die identische Mischung aus Sinnesreizen, völlig unterschiedlich reagieren können. Ein schönes Beispiel, das Ben und Mario beide aus Erfahrung kennen, ist Lampenfieber. Man steht gemeinsam mit anderen hinter der Bühne, die Anmoderation läuft, der Moment nähert sich: Gleich geht es raus auf die Bühne, geblendet vom Scheinwerferlicht, unbekannte Leute, eine neue, unbekannte Situation. Alle, die mit einem warten, sind in ungefähr derselben Situation. Ihre Körper bekommen von außen sehr ähnliche Reize, Aufregung macht sich breit. Dennoch geht es diesen Leuten sehr unterschiedlich: der einen wird schlecht, der andere hat aufwallende Panik, die andere ist voller Vorfreude und Lust auf den kommenden Auftritt.

Aufgrund der Persönlichkeit und früherer Erfahrungen werden die Signale sehr unterschiedlich interpretiert. Hinzu kommt, dass die Reaktion natürlich auch wieder prägt, wie es dem Körper geht – und dass durch den veränderten Körperzustand damit auch die Signale, die aus dem Inneren des Körpers zum Gehirn geliefert werden, sich immer weiter in eine bestimmte Richtung entwickeln können:
Wenn man ohnehin schon Angst hat und einem wegen der Angst noch übel wird, dann kann das die Ängste natürlich verstärken, was wiederum die Übelkeit nicht besser macht und so weiter. Wenn man ohnehin voller Vorfreude ist und einem davon die Hände zittern und das Herz donnert, dann wird man die körperliche Intensität der Erfahrung natürlich als noch intensiveres Glück deuten. Und so wird die eine Person kreidebleich, während die andere rosige Wangen bekommt und über beide Ohren strahlt.
Und das sind nur zwei Beispiele für Hunderte oder Tausende von Möglichkeiten, wie das Holz, aus dem wir geschnitzt sind

und die momentane Stimmung verändern, wie wir auf das Streichen, Klopfen und Zupfen einer Situation reagieren kann.

Was auf diese Rückkopplungsschleife zwischen Wahrnehmung, Körperreaktion und Emotion natürlich auch noch einwirkt, sind Erwartungen und *Framing*, also der gedankliche Rahmen. Wir haben in den *Studien zu Geist und Körper* weiter oben gesehen, dass Putzen zu Sport werden kann, ein stressiger Job zur erfüllenden Herausforderung und dass sogar die körperliche Sättigungswirkung eines Milchshakes an unseren Erwartungen hängt. Ob wir also beispielsweise den bevorstehenden Auftritt als riesige Chance ansehen oder als Zumutung, als Ort, an dem man sich nur blamieren kann oder als gefahrlose Spielfläche, das macht natürlich einen Unterschied. Vor allem in Bezug darauf, worauf wir uns vorbereiten, worauf wir unseren Fokus richten und wie wir den Verlauf der Situation bewerten. Und auf dieses Framing, also gewissermaßen die verbale Beschreibung der Situation, haben wir ganz direkten Einfluss.

Einer der Dreh- und Angelpunkte bei kognitiver Veränderung ist, „den Aktionsraum zwischen Stressor und Stressreaktion zu vergrößern". Wir wissen, dass unser Gehirn aus Gründen der Energieersparnis – und, weil Aufmerksamkeit eine rare Ressource ist – so viele Prozesse wie möglich automatisiert.

Im Angesicht eines potenziellen Stressors werden wir also in der Regel so reagieren, wie unser Gehirn das früher schon erfolgreich überlebt hat. Und wenn das beinhaltet, den Körper über den Mechanismus der Angst zu Hochleistungen anzupeitschen, dann macht es das auch. Selbst, wenn das auf Dauer ungesund sein sollte. Die primäre Aufgabe sieht unser Gehirn darin, den Körper so einzusetzen, dass es *jetzt* *überlebt*.

Das Motto ist also: Jetzt zu überleben ist wichtiger als irgendwelche abstrakten Vielleicht-Langzeiteffekte. Gehirne haben zu einer Zeit gelernt, durch Reaktionen zu überleben, als Menschen noch kein Konzept von Zukunft hatten.

Menschen haben also auch beim Umgang mit kritischen Situationen eine Standard-Einstellung, die bei uns allen irgendwann vor vielen Jahren einmal festgelegt wurde. „Den Aktionsraum vergrößern" ist eine andere Formulierung dafür, dass der Umgang mit dem potenziellen Stressor erst einmal wieder bei Ihnen auf dem imaginären Schreibtisch landet, als Chefsache. Gelingt das, können Sie erst einmal in Ruhe schauen, wie Sie mit Ihrem erwachsenen und elaborierten Ich die Lage bewerten, was die anderen Ratgeberstimmen im Kopf dazu zu sagen haben und was Sie sich vorgenommen haben; um dann eine wohlüberlegte, ausgewogene, weise und schöne Art des Umgangs mit der aktuellen Situation zu wählen.

Das ist gleichsam das Herz von *Zen*: So im Moment, wach und aufmerksam zu sein, dass man stets mit seiner ganzen Reife, den eigenen Werten gemäß und aus seiner ureigenen Haltung heraus agieren und reagieren kann. Eben genau zu dem Zweck, dass man nicht aus einem früher erlernten Verhalten heraus etwas tut, das einem gar nicht mehr entspricht oder für das man sich später entschuldigen oder rechtfertigen müsste.

Den Aktionsraum vergrößern. Das ist es, was wir mit Aufmerksamkeitsmeditation schaffen: Eine Pause, eine Unterbrechung zwischen dem Auslöser eines bestimmten Verhaltens und dem Ausführen des Verhaltens. Und mit Verhalten sind nicht nur die Dinge gemeint, die wir mit Armen und Beinen machen und was wir sagen, sondern auch, was wir denken, von welcher Seite wir die Sache beleuchten und was wir dabei fühlen (also: welche *Emotionen* wir haben).

Ben hat eine Zeitlang mit einem buddhistischen Mönch gearbeitet, der eine erstaunliche Fähigkeit entwickelt hatte. In Gesprächen über Achtsamkeit, den inneren Kritiker und gedankliche Neubewertung konnte er immer wieder innehalten. Nach einer Weile fiel Ben auf, dass der Mönch sich selbst beim Reden zuschauen konnte. Anstatt gar nicht zu bewerten, bewertete der Buddhist anders, aufmerksamer und gezielter. Nach kurzer, bewusster Gesprächspause sagte er dann Dinge wie: „Das kam nicht so heraus, wie ich es mir vorgestellt hatte. Lass es mich noch einmal mit einer anderen Formulierung versuchen." Sein Aktionsraum und seine Achtsamkeit waren so groß, dass er bei Irritationen in Echtzeit gegensteuern konnte.

In diesem Aktionsraum befinden sich unsere Emotionen, Erinnerungen, Antreiber und Glaubenssätze, also, wie Ben das gerne nennt, die „großen Annahmen über uns selbst". Unsere Überzeugungen darüber, was uns ausmacht, wie die anderen sind und was die Welt und Leute im Innersten zusammenhält.

Es lohnt sich auch, sich einmal ganz bewusst zu machen: *Ich bin nicht meine Emotionen*. Emotionen sind etwas, das uns begegnet. Wir behandeln sie oft wie engste Freunde, denen wir vielfach unser blindes Vertrauen schenken. Dabei können unsere Emotionen, wie Guy Winch das nennt, auch sehr *launische* Freunde sein. Freunde, die im einen Moment hilfreich und fürsorglich sind, um uns im nächsten Moment zu beschimpfen und uns das Leben in unangenehmster Weise zur Hölle zu machen. Emotionen sind vielleicht oft wohlmeinende Freunde, aber sie sind nicht allwissend.

Tatsächlich dient also die Achtsamkeit vor allem dazu, Zeit zu gewinnen, bevor ein teilautomatisiertes Verhalten stattfindet. In dieser Zeit können wir in unserem Geist auf den Prozess zugreifen und Einfluss nehmen. Wir können wie ein Chorleiter die einzelnen Stimmen des inneren Chors aus Meinungen,

Werten, Ängsten, Wünschen und allem anderen hören und zur Geltung kommen lassen. Durch diese Pause (die ja keine innere Stille ist, sondern ein aktiver Prozess), durch das Einbeziehen von allem, was Ihr Gehirn an Wissen und Fähigkeiten zu bieten hat, durch das De-Automatisieren wird das *Verhalten* erst zur *Handlung*:
Weil wir uns die Zeit nehmen, die verschiedensten Aspekte zu berücksichtigen und die Folgen abzuschätzen, um dann unter Ausnutzung unserer geistigen Kräfte *mit Absicht* das aus unserer Sicht Richtige zu tun.

Menschen haben eine Art Not-Aus, ein inneres Veto-Recht, mit dem „der Dirigent" im letzten Augenblick die Ausführung jeder Handlung unterbrechen kann. Bis 50 Millisekunden, bevor der Befehl an die Muskeln hinausgeschickt wird – also eine unglaublich kurze Zwanzigstelsekunde vor Ausführung – kann das Veto sie noch stoppen. Aber das funktioniert eher wie der große, rote Knopf an einer Industriemaschine und hat wenig damit zu tun, dass ein Mensch alle Stimmen in sich anhört und aus allem schöpft, was er oder sie hat und ist, um dann *als Einheit* eine Handlung einzuleiten, die seinem gesamten Wesen entspricht.

Dieses Anhören aller Persönlichkeitsaspekte ist, wie oben angedeutet, gleichzeitig das Ideal von Zen. *Im Moment sein* heißt, dass alle Stimmen im Kopf wach und beteiligt sind, wenn der Mensch etwas denkt, fühlt oder tut; und sich nicht wie bei anderen Lebewesen der schnellste und stärkste Impuls wie ein Reflex durchsetzt und den Rest des Wesens vor vollendete Tatsachen stellt.

Kennen Sie diese Videos, wo Leute Gurken hinter Katzen verstecken und die Katzen dann, wenn sie die Gurke bemerken, entsetzt wegspringen? Hier greifen uralte Programme in der Amygdala des Katzengehirns. Diese erkennen: *„Schlange!"* und lösen einen explosionsartigen

Fluchtreflex aus. Das funktioniert so schnell, dass man ein „Mitspracherecht" der Katze ausschließen kann. Der Katze bleibt nur, hinterher zu rekonstruieren, was passiert ist. So ähnlich geht es uns auch, wenn Affekte uns überrollen und sich ungebremst durchsetzen können.

Den Aktionsraum vergrößern bedeutet aber nicht nur, im Moment mehr Spielraum und Freiheit zu gewinnen, sondern auch mehr Zeit zu bringen zwischen eine Krise und Aufgeben, zwischen Belastung und Depression, zwischen Anstrengung und Burnout.
Mit einem Entschluss oder der bloßen Erkenntnis allein ist es indes nicht getan. Automatismen können ganz schön hartnäckig sein. Insbesondere, wenn sie von starken Emotionen geformt wurden oder fest an bestehende Glaubenssätze gekettet sind. Diejenigen Glaubenssätze, die wir für konstituierend für unsere Identität halten, von denen wir glauben, dass sie uns ausmachen, die wollen wir oft nicht so einfach loslassen. Es ist fast so, als würden wir befürchten, zu verschwinden, wenn die Geschichte, die wir uns über uns selbst erzählen, nicht mehr gilt oder fortan anders erzählt wird.

Inspiration für diesen Abschnitt ist das Buch *How Emotions are made* („Wie Emotionen gemacht werden") der Neurowissenschaftlerin und Psychologin Lisa Feldman Barrett aus dem Jahr 2017.

Erinnerungen werden im Gehirn nicht wie ein Film abgespeichert, den man später wieder ansehen kann; auch, wenn es sich ein bisschen so anfühlt. Wenn Sie sich an Ihr allererstes Fahrrad erinnern und es sich vor das geistige Auge führen, dann baut Ihre „innere Grafikkarte" aus den Informationen, die Sie über Ihr erstes Fahrrad noch haben, *in diesem Augenblick ein neues Bild*. Vermutlich können Sie sich nicht mehr an alle Details erinnern, aber Sie sehen vor dem inneren Auge trotzdem ein komplettes Fahrrad (selbst, wenn manche Details vielleicht nicht stimmen, wie Sie bei einem Vergleich mit einem alten Foto erkennen könnten). Das kommt daher, dass Ihr Gehirn weiß, wie Fahrräder grundsätzlich aussehen. Und auch, wenn Sie sich an die Speichen oder die Reifen Ihres ersten Fahrrades nicht mehr erinnern können, hat das Bild in Ihrem Kopf zwei (vollständige) Räder.

Lisa Feldman Barrett fand heraus, dass Emotionen ähnlich konstruiert werden wie Erinnerungen. Sie wiederholte in ihrem Labor gängige Experimente, die uns über Jahrzehnte glauben ließen, dass Emotionen einen festen Kern beinhalteten. Dagegen hält Feldman Barrett ihre Theorie der konstruierten Emotionen: „Meine Freude ist nicht Deine Freude und Deine Angst ist nicht meine Angst" erklärt sie. Jede Emotion in jedem Kopf ist einmalig. Aber sie geht noch weiter: „Deine Freude von heute ist auch nicht Deine Freude von gestern oder von morgen" – jedes Emotionsereignis ist einmalig.

Mario rechnet zum Beispiel seinen Studenten gerne vor, wie einmalig Hirnzustände sind, um zu betonen, dass jeder erlebte Moment jedes einzigen Menschen in der Geschichte des Universums absolut einmalig ist. Und wenn es Tausend Milliarden Erden gäbe mit jeweils Tausend Milliarden Gehirnen darauf und sich das in der Geschichte des Universums eine Milliarde Mal wiederholen würde, dann gäbe es doch niemals zwei gleiche Gehirnzustände und deshalb auch nie zwei gleiche erlebte Momente. Nie! Ähnliche, ja. Vergleichbare, ja. Aber der Moment, den Sie vor einer Sekunde erlebt haben, ist in der Geschichte des Universums einmalig und unwiederbringlich. Wenige Dinge sind mathematisch so eindeutig beweisbar wie das. Jeder Augenblick ist ein Unikat, jedes Emotionsereignis gibt es so nur einmal.

Trotzdem können wir uns offenbar untereinander über diese einzigartigen Emotionsereignisse austauschen und auch gut abschätzen, wie andere Menschen reagieren werden.

Es gibt sogar Studien, die nahelegen, dass wir Menschen umso sympathischer finden, je stärker wir davon überzeugt sind, ihre Reaktionen vorhersehen zu können. Miteinander befreundete Menschen reagieren äußerst ähnlich auf äußere Reize, wie Carolyn Parkinson 2018 mit Hirnscans nachwies.

Diese Möglichkeit, andere Menschen einzuschätzen, ist absolut zentral für unsere Fähigkeit, uns zugehörig zu fühlen, uns gegenseitig zu vertrauen und in Gruppen aufgenommen zu werden. Und auch dafür, in einer Gruppe dann auch sicher zu sein. Weil wir das so gut können, kam man bald zu der der Auffassung, es gäbe einheitliche, universelle Grundemotionen, die wir mit allen Menschen teilen. Es dauerte lange, diesen Trugschluss aufzudecken.

Es gibt keine Grundemotionen

Bestimmt haben Sie schon von den sechs Grundemotionen gehört. Vielleicht haben Sie sogar den Animationsfilm gesehen, der auf ihnen basiert. Manchmal ist auch die Rede von sieben Grundemotionen. Sie gehen auf den 1934 geborenen amerikanischen Psychologen Paul Ekman zurück. Möglicherweise haben Sie schon einmal eine der Bilderserien gesehen, die auf Ekmans Experimente zurückgehen. Darin verziehen Schauspieler ihre Gesichter und Sie sollen dann erkennen, welche Emotion sie jeweils darstellen.

Die Versuche, seine universellen Grundemotionen und ihre Ablesbarkeit an den Gesichtsmuskeln in unabhängigen Studien zu beweisen, sind gescheitert. Eine saubere Reproduktion von Feldman Barrett zeigte, dass die über Fotos präsentierten Gesichtsausdrücke von Naturvölkern ganz anders bewertet wurden. Was unmöglich wäre, wenn die Emotionen und ihre

Ausdrucksweise wie von Ekman behauptet genetisch determiniert und universell wären. Beispielsweise trafen einige Menschen, die ohne starke Berührungspunkte zur industrialisierten Welt aufgewachsen waren, interessante Aussagen, wenn sie die Gesichtsausdrücke von Schauspielern aus den Vereinigten Staaten beschreiben sollten. Bei einem Bild, auf dem für die meisten Amerikaner ein überrascht blickender Mann zu sehen war, sagten die Menschen aus einem Naturvolk: „Oh, er jagt."

Unsere emotionalen Ausdrücke sind vielmehr sozial genormt, abgeschaut und erlernt. Auch unterscheiden sich die Konstrukte verschiedener Emotionen teils gravierend. Wenn ein Amerikaner zum Beispiel von *anger* spricht, müsste ein deutschsprachiger Hörer aus dem Kontext erschließen, ob damit zum Beispiel Ärger, Wut oder Zorn gemeint sind – drei Konzepte, die sich in Nuancen, aber klar unterscheiden. Oder ob mit angry vielleicht *mucksch* gemeint ist. Mucksch ist ein Dialektausdruck, den Ben im Norden Deutschlands gelernt hat. Der heißt so viel wie *stilles Eingeschnapptsein*. Äußert sich typischerweise durch verschränkte Arme, einen starren Blick, heruntergedrückte Augenbrauen und eine vorgeschobene Unterlippe. „Sei nicht mucksch" sagt man dann. Da, wo Mario lebt, würde man „bockig" sagen.

Im chinesischen Sprachraum gibt es sogar *fünf* verschiedene Arten bzw. Konstrukte von Wut. Auf der anderen Seite gibt es Naturstämme, die komplett ohne ein solches Konzept auskommen. Wieder anderen ist das Konzept von Trauer komplett unbekannt. Diese können solche Empfindungen nur umschreiben („Ich habe ein komisches Gefühl im Magen"). Für Menschen, die bestimmte Emotionskonzepte gelernt haben, kann es unvorstellbar sein, dass andere ohne diese auskommen. Es fühlt sich an, als wären die anderen auf eine Art partiell blind.

Die Theorie Ekmans wirkt auf uns zunächst plausibel. Das liegt aber offenbar daran, dass sie auf gesellschaftlichen Konstrukten von Emotionen basiert, auf die wir uns längst überwiegend geeinigt haben und die uns *daher* so selbstverständlich, natürlich und eben universell vorkommen, wie sie es tun. Erst der Kontakt mit Völkern und Stämmen, die bei der Bildung unserer Konstrukte nicht dabei waren und die ihre eigenen Konstrukte gebildet haben zeigt uns, dass unsere Art, Gefühle in Emotionen umzuwandeln auch mehr Varianten zuließe und dass unsere Emotionen heute auch anders geordnet sein könnten, als sie es sind.

So, wie die Menschen früher einfach akzeptiert hatten, dass Dinge selbstverständlich „nach unten" fallen und sie sich deshalb vorstellen konnten, dass Menschen vom Rand der Erde in dieses universelle „Unten" fallen könnten, konnte auf dem Referenzrahmen unserer Emotionsgewohnheiten stehend der Eindruck wachsen, unsere Emotionen könnten nur so sein, wie sie sind – und müssten daher universell sein.

Worte und Wörter

Durch das fortschreitende Zusammenrücken der Welt werden woanders gebräuchliche Konstrukte, die geeignet sind, bestimmte Emotionen treffsicher zu benennen, natürlich auch übernommen. Das deutsche Wort *Schadenfreude* hat zum Beispiel mindestens im englischen Sprachraum Einzug gehalten. Solche Wortleihen gab es auch früher schon, aber seltener. Das englische Wort *mesmerizing* (etwa: „in hypnotischer Weise faszinierend") geht zurück auf Franz (genannt Friedrich) Anton Mesmer, einem 1734 bei Konstanz am Bodensee geborenen Arzt, der mit seinen Magnetismus-Vorführungen Menschen auf der halben Welt verblüffte. In den Vereinigten Staaten hinterließ er einen so starken Eindruck, dass *verblüfft sein* im Englischen bis heute nach ihm benannt ist. *Weltschmerz* kann man im Englischen so sagen, ebenso *schwarmerei* (von Schwärmerei). *Cringe* hat es vom englischen Verb zum Substantiv der deutschen Jugendsprache geschafft und steht für „das Empfinden von Fremdscham". Wir bedienen uns an den Kulturschätzen der anderen, oder anders gesagt: wir lernen voneinander.

Durch die immer engere und globalere Vernetzung, durch Emojis, Memes und in immer weiteren Kreisen tradierte Klischees steuern wir auf eine Welt zu, die immer mehr Ekmans Beschreibung entspricht und in der Emotionen zunehmend standardisiert werden.

Diese Unterschiede in den Konzepten zur Weltbeschreibung beziehen sich natürlich nicht nur auf die Beschreibung von Emotionen. Im Russischen hat ein Regenbogen sieben Farben, für den Rest der Welt nur sechs. In vielen Sprachen haben Dinge Geschlechter, oft aber haben dieselben Dinge verschiedene Geschlechter in verschiedenen Sprachen. Die meisten Kulturen haben ein Konzept von links und rechts, aber nicht alle. Für *Gemüt* gibt es im Englischen keine adäquate Übersetzung, ebenso wie für das dänische (und inzwischen im deutschen Duden aufgenommene) *Hygge*.

Kategorien sind die Schubladenschränke und Kommoden unseres Geistes. Je nachdem, wie diese geistigen Möbel beschaffen sind, sortieren wir Kleidungsstücke bzw. Wahrnehmungen eben woanders ein. Das ist letztlich ganz stark heruntergebrochen die Idee des *Konstruktivismus*. Wir sehen die Welt nicht, wie sie *ist*, sondern wir fertigen eine Realität an. Diese sollte einerseits mit den Realitäten anderer Menschen kompatibel und andererseits zum Überleben geeignet sein. Und im Rahmen dieser Voraussetzungen ist für unseren Kopf erst einmal alles erlaubt.

Nicht nur Worte sind mächtig. Auch Wörter sind es. Viele Wörter für Emotionen zu haben hat gleich mehrere Vorteile. Zum einen kann ein monströser, scheinbar unbeherrschbarer „Blob" aus Emotionen in handliche, verständliche und handhabbare Teile zerlegt werden. Studien zeigen, dass Emotionen für uns schon allein dadurch an Zwang und Schrecken verlieren, dass wir sie *benennen* – egal, ob das ausgesprochen ist, aufgeschrieben wird oder im Kopf passiert.

Zum anderen werden Emotionen adressierbar. Sie kommen gewissermaßen auf den inneren Schreibtisch, man kann mental mit ihnen umgehen und sie auch nach außen kommunizieren. Dadurch, dass man beschreiben kann, was vor sich geht, fühlt man sich weniger ausgeliefert – und man *ist* auch weniger ausgeliefert. Deshalb können sich Menschen, die mehr Wörter für Emotionen haben, besser regulieren. Man weiß auch aus Erfahrung, dass Familien, in denen die Eltern mit ihren Kindern Emotionskonstrukte besprechen, sich besser regulieren können.

Beim Versuch, Arachnophobikern, also Menschen mit lähmender Angst vor Spinnen, zu helfen, wurde schon vieles ausprobiert. Deshalb gibt es hier eine große Menge an Erfahrungswerten. Am schnellsten und wirksamsten half diesen Menschen, den Stress zu *benennen* und zu *beschreiben*, den sie beim Gedanken an oder bei der Konfrontation mit Spinnen empfanden. Erst dadurch erhielten sie kognitiven Zugang zu den Rückkopplungsschleifen, die sich zuvor autonom in ihren Körper und in ihren Emotionszentren abspielten und die sich bis zu einer Panik aufschaukeln konnten, die handlungsunfähig macht.

Ähnlich kann es sich zum Beispiel bei Krankheiten verhalten. Wie oft sind Menschen, denen es nicht gut geht, auf der Suche nach einem Arzt, der oder die das schon einmal gesehen hat und der Sache einen Namen geben kann? Manchmal suchen betroffene Menschen über Jahre hinweg. Wenn man dann jemanden findet, ist die Krankheit ja noch nicht überwunden. Aber dann weiß man endlich, dass man nicht verrückt ist und man kann damit beginnen, die Sache angemessen zu behandeln. Mario kennt allein in seinem Bekanntenkreis mehrere solche Fälle. Fälle mit Gemütskrankheiten und Fälle rein körperlicher Art. Zu wissen, was ein Ding *ist*, hängt eng damit zusammen, einen Namen dafür zu haben.

Erinnern Sie sich daran, wie Sie vorhin davon gelesen haben, dass es Menschen gibt, die mit Trauer oder mit Wut umgehen müssen, ohne überhaupt zu wissen, dass es das gibt und was diese Emotionen bedeuten. Als Ben zum ersten Mal davon hörte, dass es Menschen ohne diese Konzepte gibt, war seine erste Reaktion: „Ach, die Glücklichen! Müssen sie sich darum nicht auch noch kümmern!". Mario war bestürzt über diese „armen Menschen, die mit so einer Einschränkung leben müssen."
Ben und Mario konnten durch ihre Arbeit öfters dabei sein, wenn Menschen solche blinden Flecken füllen konnten; wenn sie interkulturell dazugelernt haben oder ein Störgefühl auflösen konnten, weil sie etwas mental neu einordnen konnten. Diese Momente sind besonders. Man sieht, wie Ballast von diesen Menschen abfällt und wie sich ihr Gesicht eine Spur aufhellt.

Daraus kann man folgende Lehre ziehen: Nicht benennen zu können, was man fühlt, bedeutet Ohnmacht. Umgekehrt gibt diese Fähigkeit uns Zugriff auf unser Innenleben und es befreit uns, wenn wir noch genauere Worte finden können für unsere inneren Vorgänge. *Das Benennen vergrößert den Aktionsraum.* Also einerseits die Zeit, in der Sie bewusst Einfluss nehmen können auf einen Prozess, der ansonsten automatisiert abläuft und wo die erlernte Reaktion vielleicht passt, vielleicht aber auch nicht. Und andererseits gibt es Ihnen mehr Möglichkeiten und Werkzeuge, um auf Ihre Reaktionen Einfluss zu nehmen. Je größer der Aktionsraum ist, desto mehr kommt ein Mensch weg von einer (Stress-)Reaktion und mehr hin zu einer Regulation.

Emotions-Sommelier

Das Ziel ist es, ein Sommelier der Emotionen zu werden, also Nuancen zu erspüren und sie treffsicher zu benennen. In der Fachsprache heißt das dann *emotionale Granularität*, also eine hohe Auflösung in der Wahrnehmung und Unterscheidung von Emotionen. Genaueres Differenzieren erlaubt es, sich selbst besser zu regulieren. Und wer in der Welt oder in seinem Leben irgendetwas gezielt verändern will, der muss sich zuerst selbst regulieren lernen.

Wie macht man das? Wie erhöht man seine emotionale Granularität und wird Emotions-Sommelier?

Schritt a) beobachten Sie Gefühlsregungen in sich und b) benennen Sie diese.

Dabei ist auch das Erfinden von Begriffen absolut erlaubt. Feldman Barrett aß Kartoffelchips beim Fernsehen. Irgendwann waren die Chips alle und sie blickte in den silbrig schimmernden Abgrund einer leeren Chipstüte. Diesen Moment der milden Enttäuschung nannte sie *chiplessness*, Chipslosigkeit. Wieso auch nicht? Erstens macht es Spaß, zweitens bekommt es niemand mit, wenn man nicht will und drittens ist es genau die richtige Übung auf dem Weg zum Selbstmanagement-Experten.

Wenn wir uns von den Zwängen unserer Gefühle befreien wollen, ist es wichtig, die *affektive Empathie* zu schulen. So heißt die Fähigkeit, die eigenen Affekte genau lesen zu können. Immer, wenn wir etwas benennen können, können wir es einordnen und fragen uns nicht mehr ständig, wo es hingehört. Wenn wir etwas spüren und es erst einmal aus unserem Bewusstsein wegdrücken, anstatt es erkennen, benennen und einordnen zu können, ist es vor- oder unterbewusst trotzdem noch da. Es wird weiterhin geistige

Kräfte binden und uns so Energie rauben. Es kann sich auch unkontrolliert seinen Weg bahnen und unsere Handlungen beeinflussen, ohne, dass wir es bemerken.

Wenn man in seiner Wohnung Dinge einfach irgendwo ablegt, weil man keinen Platz dafür hat, dann führt das irgendwann zu Chaos. Wenn Sie für eine Emotion einen Namen haben, wird dieser Name zu einer Schublade, einer Kommode oder einem Regal, wo diese Emotion hingehört und in einem klaren Verhältnis zu den anderen Emotionen steht. Sie schaffen Ordnung in sich, werden aufgeräumt und finden immer, wonach Sie suchen. Emotions-Sommelier zu werden ist sozusagen Marie Kondos *Magic Cleaning* für das Apartment der eigenen Persönlichkeit.

Man muss zwar nicht über Gefühle sprechen, aber man muss es können – um nicht von ihnen übermannt zu werden. Und um über Dinge zu sprechen, muss man sie wahrnehmen, unterscheiden und einordnen können.

Diese Fähigkeit ist insbesondere im professionellen Kontext ein Vorteil – und wird ab einem gewissen Grad an Verantwortung erwartet. In beruflichen Konflikten ist es essenziell, Emotionen artikulieren zu können, *ohne sie auszuleben*. Wenn Sie herumschreien und mit Dingen um sich werfen, haben Sie augenblicklich den Ruf eines cholerischen, unbeherrschten Chaoten. Alle sehen, dass Sie sich nicht einmal selbst handhaben können und Ihre Mitmenschen verlieren binnen zwei Sekunden das Vertrauen in Ihre Fähigkeit, Dinge außerhalb Ihrer Selbst handzuhaben. Wenn Sie umgekehrt in sachlichem Ton sagen können, dass etwas Sie sehr betrübt, mit Sorgen erfüllt oder zornig macht, werden die anderen sich ausmalen, wie es in Ihrem Inneren aussieht und *mitfühlen*. Außerdem sehen sie, dass Sie mit Ihren Emotionen umgehen können und nicht deren Sklave sind. So wirken Sie professionell, vertrauenswürdig und souverän.

Systematisierer, Empathen, Brückenbauer

Cambridge-Professor und Autismus-Experte Simon Baron Cohen veröffentlichte 2018 eine groß angelegte Studie, die ihn zu einer neuen Charakterisierung von Weltsichten und damit auch Fähigkeiten inspirierte. Seine Mission war es ursprünglich, Menschen aus dem Autismusspektrum besser zu verstehen und ihre zum großen Teil außerordentlichen Fähigkeiten nutzbar zu machen. Autisten können sich aus zwei großen Gründen schlechter in die Gesellschaft integrieren. Erstens fällt es ihnen schwerer, die Emotionen anderer Menschen zu verstehen und in einen Kontext zu setzen. Zweitens ist ihre eigene emotionale Welt absolut intuitiv. Die affektive Empathie ist vorhanden, doch die kognitive Empathie weniger.

Viele Autisten sind dafür bei Aufgaben, die die Auswertung von Daten und Mustererkennung betreffen unglaublich schnell und akkurat. Deshalb setzt das israelische Militär beispielsweise Autisten ein, um Luftaufnahmen miteinander zu vergleichen und Ungereimtheiten zu erkennen. Viele Autisten sind großartige Systematisierer.

Die größte Überraschung von Baron Cohens Studie war vermutlich, dass alle der über 500.000 Menschen, die er mit seinen Fragebögen zu Autismus testete, in drei Kategorien unterteilt werden konnten. Alle getesteten Menschen waren entweder *Systematisierer*, *Empathen* oder *Brückenbauer* (die sowohl Systematisierer- als auch Empathenanteile in sich vereinen und potenziell zwischen diesen beiden Fähigkeiten vermitteln können). Erzielte eine Testperson eine hohe Punktzahl als Systematisierer, hatte sie gleichzeitig eine niedrige Punktzahl in kognitiver Empathie. Manche von uns fühlen sich also mehr in der Welt der Dinge zu Hause und andere in der Welt der Menschen.

Im Wesentlichen unterscheiden diese Wahrnehmungstypen sich dadurch, dass entweder das *Rationale Netzwerk* oder das *Empathische Netzwerk* in ihrem Gehirn dominiert; oder dass keines der beiden drastisch überwiegt. Menschen, die sehr stark auf eines der beiden Netzwerke setzen, begegnen im Alltag unterschiedlichen Widrigkeiten und zeigen unterschiedliche Stärken:

Konsequente **Systematisierer** zeichnen sich dadurch aus, dass sie soziale Interaktionen auch teilweise oder ganz über das Rationale Netzwerk betreiben.	Konsequente **Empathen** zweckentfremden ihr elaboriertes neuronales *Netzwerk für Zwischenmenschliches* für die Modellierung von Unbelebtem – auch hier erstreckt sich das Ausmaß über ein ganzes Spektrum.
Je nach Ausprägung können sie zwischenmenschlich hölzern sein, zu den Asperger-Persönlichkeiten gehören (der Öffentlichkeit durch Klischeedarstellungen wie der von Sheldon Cooper aus der Serie *Big Bang Theory* bekannt) oder hinein in den Bereich der Autismusspektrumstörungen fallen. Damit verbunden sind im Ausmaß verschiedene soziale Reibungen mit anderen Menschen.	Die Folge können magisches Denken und die Anwendung zwischenmenschlicher Konzepte auf reine Naturphänomene sein. Das fällt im Alltag nicht zwingend auf, kann aber zu ungünstigen Lebensentscheidungen und der Fehlbewertung von Risiken führen.
Starke Systematisierer würden manchmal gerne diesen ganzen emotionalen, zwischenmenschlichen Bereich ausblenden – Menschen haben aber nun mal Emotionen.	Weil auch die Aufforderung, sich in bestimmten Bereichen an Fakten zu orientieren, von Empathen oft zwischenmenschlich bewertet wird und zu Abwehrreaktionen führt, ist diese Neigung von außen kaum in Balance zu bringen.

An den handfesten Problemen, die sich aus radikaler Rationalität und radikaler Empathie ergeben, sieht man, wie wichtig es ist, die eigenen Fähigkeiten auch dort einzusetzen, wo sie jeweils sinnvoll sind. Vermutlich könnte man auch lernen, mit den Füßen Klavier zu spielen und auf den Händen Bergsteigen zu gehen – es darf allerdings bezweifelt werden, ob man mit dem gleichen Einsatz nicht wesentlich weiterkäme, wenn man stattdessen die Füße zum Steigen und die Hände zum Klavierspielen nähme.

Bei der Empathie unterscheiden wir zwischen *kognitiver Empathie* und *emotionaler Empathie*. Kognitive Empathie ist etwas, was man bei Therapeuten oft in hoher Ausprägung feststellen kann; die Fähigkeit, klar und sicher zu erkennen, wie eine andere Person sich gerade fühlt und wie sie empfindet in Verbindung mit der Fähigkeit, diese Wahrnehmung treffsicher zu beschreiben. Diese Fähigkeit liegt schwerpunktmäßig in anderen Hirnarealen als die von *emotionaler Empathie*. Sind wir *emotional* empathisch, können wir uns von den Emotionen anderer anstecken lassen, wie Simone G. Shamay-Tsoory 2010 zeigen konnte. Die Fähigkeit, die eigenen Emotionen gut zu verstehen und sicher zu erkennen, nennen wir *affektive Empathie*. Sie erinnern sich: Der Emotions-Sommelier.

Wir wissen, dass es Empathie gibt und haben gesehen, dass Menschen, obwohl Emotionsereignisse geradezu kosmisch einmalig sind, sich gegenseitig lesen, verstehen und antizipieren können. Wenn es also tatsächlich keine Grundemotionen gibt – wie ist das dann möglich? Wie können wir eine andere Person emotional verstehen? Und wie können wir ihr das Gefühl geben, verstanden zu werden?

Einer Antwort auf diese Fragen können wir uns nähern, wenn wir auf Gemeinsamkeiten schauen. Was passiert in Körper und Geist bei allen Menschen auf ähnliche Weise? Woraus setzen sich unsere Emotionen zusammen? Wir stellen hier drei dieser Gemeinsamkeiten vor.

Valenz, motivational intent, arousal

Zum einen ist da die *Valenz* von Emotionen, also, ob es uns gut geht oder schlecht und *wie gut* oder *wie schlecht* es uns geht. Und auch, wie gut oder schlecht es anderen gerade geht. Das können praktisch alle Menschen gut einschätzen. Bei den zuvor besprochenen Ekman-Bildern können Menschen durchweg Freude sehr gut als positive Empfindung erkennen. Also selbst dann, wenn der genaue Grund, die Nuance oder Geschmacksrichtung von Wohlbefinden oder Unwohlsein uns nicht klar ist, wir bemerken das *Ausmaß* von Wohlbefinden oder Unwohlsein bei uns selbst und bei anderen sehr leicht.

Das hat sich der Schriftsteller Kurt Vonnegut genauer angesehen, als er Geschichten analysierte. Er packte alle möglichen populären Geschichten – von der Bibel über Aschenputtel zu Franz Kafka – auf eine Glücklich-Traurig-Skala über die gesamte Erzählung hinweg. So lassen sich einige wenige Geschichtenstrukturen herausarbeiten, die Vonnegut in *The Shapes of Stories* zusammentrug. Einige Valenz-Sequenzen sind so universell, dass sie sich in weit verbreiteten Geschichten unterschiedlichster Herkunft auf die gleiche Weise wiederfinden. So sind *die Heldenreise* oder *die Tragödie* Formen, die praktisch in jedem Kulturschatz zu finden sind.

Die zweite Gemeinsamkeit menschlicher Emotionen ist der *motivational intent* – die Motivation und das *Ziel* einer Emotion. Man kann zum Beispiel einerseits Emotionen nach innen richten, sich zum Beispiel im Stillen freuen und sich vielleicht bis auf ein Schmunzeln nichts anmerken lassen; man kann Ärger in sich hineinfressen oder ihn unwillig vor sich hin brummeln, oder unbemerkt von anderen eine tiefe Trauer in sich manifestieren.

144

Oder man kann andererseits die Welt wissen lassen, wie es einem geht; seine Emotionen heraussprühen und seine Freude, seinen Ärger oder seine Trauer markerschütternd nach außen senden. Diese Intention, die Absicht, die *Gerichtetheit* von Emotionen ist etwas, das Menschen ebenfalls gemeinsam haben.

Und drittens ist da noch *arousal*, Erregung. Der Begriff „Erregung" hat im Volksmund eine Bedeutungsverengung hin zum Sexuellen durchgemacht. Lassen Sie sich davon nicht irritieren. Erregung wird hier in seiner ursprünglichen Bedeutung verwendet, als der reine momentane Aktivitätsgrad und die Reaktivität eines Nervensystems. Als ein reines Ausmaß, das über die *Art* der Erregung oder über die Gründe dafür zunächst nichts aussagt. Panik, Trauer, Kaufrausch, Freude, höchste Konzentration sind allesamt mögliche Formen von hoher Erregung. Im Grunde das Gegenteil von tiefer Entspannung, totaler Langeweile oder emotionaler Verflachung. Die Gemeinsamkeit bei Menschen ist hier, dass alle sehr treffsicher darin sind, zu bemerken, wie hoch ihr eigenes *arousal* gerade ist.

Was dann schon wieder verschieden ist bei Menschen sind die Skalen; also, bis zu welchem Ausmaß sich Valenz, Intention und Erregung steigern können. Ben und Mario arbeiten beide auch mit Schauspielern. Neben der emotionalen Granularität, die Mario zum Beispiel mit seiner auf die Wirbelsäule bezogenen Technik unterrichtet, ist natürlich auch das Erweitern des emotionalen Spektrums in Sachen Intensität für alle Schauspielschüler wichtig. Gerade für Anfänger sind das spannende Grenzerfahrungen und für viele eine Motivation, sich überhaupt im Schauspiel zu betätigen.

Ben hat im Businesskontext eine Erfahrung gemacht, die ihn nachdenklich zurückließ. Häufig sagten Frauen in Workshops, dass sie ihre Art, Gefühle zu äußern, im Tagesgeschäft verändert haben. Wenn sie einmal stark nach außen auftraten und bei einem ihnen wichtigen Thema etwas lauter wurden, bekamen sie oft von Männern zu hören: „Jetzt werde mal nicht hysterisch!" Danach hörte dann niemand mehr richtig zu. Daraufhin nahmen sie sich in solchen Situationen zurück, schraubten ihr *arousal* runter und richteten die Emotionen eher nach innen, um gehört zu werden und Einfluss nehmen zu können.

Wir wollen nicht ausschließen, dass es Männern ihren Emotionen in anderen Kontexten ähnlich ergeht, doch Frauen haben über die Jahre öfter öffentlich darüber gesprochen. Das *Ausleben* von Emotionen wird in vielen betrieblichen Milieus als unprofessionell, unkontrolliert und unerwachsen bewertet. Die Idee, dass jemand Emotionen zeigen könnten, ohne ihnen ausgeliefert und durch sie bestimmt zu sein, ist vielen Menschen fremd. Das könnte einer der Gründe sein, warum viele Männer viele Frauen für ungeeignete Führungskräfte halten, unabhängig davon, ob das im Einzelfall zutrifft oder nicht. Es gibt obendrein einen Anteil an Frauen, die diese männlich geprägte Sicht übernommen haben.

Der Blick auf Valenz, Zielrichtung und Erregung bietet auch den Anlass, sich einmal unvoreingenommen und wertfrei zu fragen: Was fällt mir persönlich denn leichter? Positiv oder negativ? Nach innen gerichtet oder nach außen gerichtet? Intensiv oder nicht so intensiv? Das kann man für jedes Emotionskonstrukt für sich durchspielen. Oft findet man dann ein oder zwei Emotionen, die einem *besonders leichtfallen*. Mit denen man sich gut auskennt und sehr vertraut ist. Mit denen man viel Erfahrung hat und in denen man sich sicher fühlt. Es ist ja so: Nachdem wir in unserer individuellen Kindheit herausgefunden haben, was für uns gut funktioniert, wenden wir diese bewährten Routinen öfters an *und verfeinern sie*. Wir füttern erfolgreiche Strategien, so, wie Vogelmütter das jeweils größte und lauteste Baby bevorzugt füttern. Dadurch werden die natürlich schneller größer und stärker und lauter und setzen sich immer weiter gegen die anderen durch. Unsere erfolgreichsten Strategien sind also diejenigen, die wir am wahrscheinlichsten anwenden werden und zugleich diejenigen, die am erfahrensten, ausgereiftesten und weitesten verfeinert sind. Wir geben ihnen also manchmal auch den Vorzug, wenn eine andere Strategie vielleicht noch besser wäre. So entstehen ja auch die Schwerpunkte *Systematisierer* und *Empath*.

Kontrollpräferenz nennt man das, wenn man sich lieber dort in seinem Persönlichkeitsinventar bewegt, wo man sich besonders gut auskennt, wo alles vertraut ist und wo man eben das Gefühl hat, sich und alles andere am besten unter Kontrolle zu haben. Kontrollpräferenz bedeutet, um es nochmals anders zu sagen, sich gerne innerhalb der eigenen Komfortzone zu bewegen.

Bemerkung am Rande: Es gibt in der Psychologie einen bekannten Effekt, der *Regression* heißt. Der tritt vor allem dann auf, wenn Menschen durch intensivste Ängste nicht mehr auf ihre elaborierten, erwachsenen und wohldosierten Verhaltensmechanismen zurückgreifen können.

Cortisol, ein Hormon, an dem wir das Ausmaß von Stress ablesen, kann erlernte Verhaltensweisen gewissermaßen überbrücken, um archaischen Verhaltensmustern im Notfall Vorfahrt zu gewähren. Der Körper erzwingt in einer als akut lebensbedrohlich empfundenen Situation eine sofortige Verhaltensentscheidung.

Durch Dauerstress können die feingliedrigen, jüngeren Muster vernachlässigt und sogar durch Abbau dauerhaft verloren gehen, so erklärte die in Syrien, dem Iran und der Ukraine tätige Konstanzer Traumatherapeutin Eva Barnewitz Mario.
Selbst der Tod von Millionen von Pyramidalneuronen im Hippocampus und Funktionsstörungen der Mitochondrien, den Zellkraftwerken, sind nachweisbar, fand K.E. Müller 2013 heraus.

Hier liegt übrigens der Haupt-Unterschied zwischen Belastung und Trauma: Durch ein Trauma werden zentrale Systeme geschädigt. So kann z.b. die Serotoninproduktion aufgrund eines Traumas reduziert sein, was mit Veränderungen der Persönlichkeit und psychischen Erkrankungen einhergehen kann.

Diese mentalen Strategien beziehen sich aber nicht nur darauf, wie wir nach außen hin *handeln*. Sie umfassen stets auch Gedankenroutinen, Wahrnehmungsweisen und eben auch die Emotionen, die uns für die Strategie in die richtige Energie bringen und die relevanten Ressourcen bereitstellen.

Erinnern Sie sich an die Studie über *actor* und *spectator* aus dem Abschnitt *Selbstwirksamkeit*. Manche Menschen sehen sich eher als Gestalter, andere als Opfer unbeeinflussbarer Kräfte. Es kann also sein, dass Ihr Gehirn sich bevorzugt in Emotionsrahmen aufhält, die Sie als negativ und unangenehm erleben, *weil Ihr Gehirn die Erfahrung gemacht hat, dass das die beste Überlebensstrategie ist*. Und, es lebt ja noch. Also voilà: es funktioniert doch! Beispiele:

Manche Menschen schöpfen ihre Kraft zum Handeln oder ihr Durchsetzungsvermögen aus hochkochendem Zorn. Andere finden Ihre Ruhe in ausgelebter Melancholie. Oder im Leiden. Oder im Schimpfen. Oder im Versprühen von intensiver Fröhlichkeit, egal, wie es ihnen geht. Manche suchen Konflikte, wo keine sind, andere gehen ihnen fast um jeden Preis aus dem Weg. Manche finden ihre Sicherheit in Nähe, andere in Abstand. Manche im ständig Neuen, andere im Altbekannten. Das sind nur einzelne Beispiele für Tausende und Abertausende von Möglichkeiten, wo Menschen sich häufiger emotional aufhalten und wo sie sich gerne hineinfallen lassen, *weil sie sich dort auskennen*. Sie fühlen sich vielleicht unwohl, aber in diesem Unwohlsein fühlen sie sich sicher und vertraut. Und weil diese Gefühlswelt eine ist, in der wir viel Zeit verbringen, ist sie sehr ausgeprägt und differenziert. Hier kennen wir viele Nuancen und Abstufungen. Diese bevorzugte Gefühls- und Gedankenwelt ist unser größtes Vogelbaby.

Wenn wir unseren Aktionsraum vergrößern, können wir uns von Automatismen befreien oder neue, bessere Automatismen bauen, die unserem Reifegrad und unseren Kompetenzen entsprechen. Dafür ist es zielführend, ein Emotions-Sommelier auch von anderen, weniger vertrauten Bereichen der eigenen Erlebniswelt zu werden. Wenn Sie also bislang, um mal in diesem Bild vom Sommelier zu bleiben, fast immer Mosel-Riesling getrunken haben, weil Sie früh festgestellt haben, dass der Ihnen besonders gut schmeckt, dann kennen Sie sich inzwischen vermutlich mit Hanglagen, Fassreifungen und Wurzeltiefen einzelner Weingüter an der Mosel blendend aus. Wenn es nun irgendwo um Trollinger geht oder um Rotweine, dann wären Sie natürlich nicht so sattelfest.

Wenn Sie in Ihrem gesamten Emotionshaushalt sattelfest, souverän und routiniert werden möchten, müssen Sie auch den anderen „Weinen" mal eine (neue) Chance geben, um auch dort zum Sommelier zu werden. Unser Geschmack verändert, entwickelt, differenziert sich mit dem Reifen. Um herauszufinden, welcher Wein uns *inzwischen* am besten schmecken würde, müssen wir auch mal wieder die anderen probieren: Erleben wir uns in selten gewählten Gefühlslagen neu!

Wenn Sie völlig frei wählen könnten – in welcher Gefühlswelt würden Sie sich am liebsten aufhalten?

Vielleicht ist das Bekannte ja nicht immer schön – sondern eben nur vertraut? Stellen wir uns dem Abenteuer beim Erkunden neuer Gefühlswelten. Nur so lernen wir unsere innere Welt weiter kennen und vergrößern die Landkarte Ihrer Persönlichkeit.

b) Denken

Nach dem ausführlichen Teil über Emotionen geht es in diesem Abschnitt darum, wie wir über unser Denken und unsere Denkgewohnheiten Veränderungen in uns und in unserem Leben herbeiführen können. Wir haben bereits gesehen, wie mächtig *Wörter* in uns sein können. Nun schauen wir darauf, wie einflussreich *Worte* sein können. Wie wir eine Situation für uns beschreiben, hängt ja oft stark davon ab, welche beschreibenden Worte wir für sie finden und welche Gedanken wir dann zu dieser Beschreibung haben. Diese wecken dann Emotionen als Bewertungsrahmen; es ist also klar, dass die Worte und Sätze, die wir denken, auch stark bedingen, was wir fühlen. Und unsere Emotionen bestimmen wiederum mit, welche Worte uns für die Beschreibung der Situation einfallen.

Weiter oben fiel der Begriff *Framing*, also das gedankliche Rahmenwerk einer Wahrnehmung. Die Technik, diesen Rahmen zu ändern, damit alles in neuem Licht erscheint, heißt daher informell *Reframing*, in der Fachsprache *cognitive reappraisal* oder auf deutsch *Neubewertung*. Es geht um die Fähigkeit, nachträglich die Bewertung einer Situation zu ändern.

Welche Standards der Neubewertung gibt es?

Nun, zunächst gibt es die Möglichkeit, eine Situation überhaupt nicht zu bewerten. Also sie in dieser Hinsicht zu ignorieren. Es besteht keine Pflicht, zu allem eine Meinung zu haben. Insbesondere, wenn eine Meinung viel Spekulation enthält, wenn ihr Besitz einem kaum zusätzliche Optionen oder Vorhersagekraft einbringt (und sie also eher die tröstende *Illusion* von Wissen erzeugt) oder die Meinung uns unglücklich macht, ist der Verzicht auf eine Bewertung eine

150

Überlegung wert. Warum sich mit Meinungen mehr belasten als nötig? „Ist mir egal" ist viel öfter eine legitime Haltung, als unser nach Kontrolle und Orientierung lechzendes Gehirn uns weismachen will. Sich in einer komplizierten Sache auf eine Meinung festzulegen, gibt uns das Gefühl von Sicherheit. Tatsächlich sind Meinungen aber auch eine Form von Ballast. Oft hilft es, sich zu fragen: „Macht meine Meinung in dieser Sache eigentlich einen Unterschied?" „*Muss* ich mich da positionieren?" Wenn man sich von dem Anspruch befreit, in jeder Sache kompetent sein zu müssen, ist das eine immense Befreiung und Erleichterung.

Keine Meinung zu einer Sache zu haben spart genauso viele neurologische Ressourcen wie eine Meinung zu haben – nur ohne das Risiko, falsch zu liegen und sich zu blamieren.

Deutlich verbreiteter als das entspannte Ignorieren ist in der Neubewertung die Technik des *Schönredens*. Nicht so schlimm. Wird schon wieder. Haben wir alle schon gehört. Insbesondere bei den kleinen Unbillen des Alltags, die wirklich *nicht so schlimm* sind, ist Schönreden eine absolut legitime und zurecht verbreitete Mentaltechnik. Schönreden ist wie ein kleines Pflaster mit einem hübschen Motiv drauf: Eine nette Geste für eine ganz kleine Schramme.

Zu dieser Methode gehört auch das Gute im Schlechten zu finden. Und wenn scheinbar überhaupt nichts Gutes an einer Sache ist oder der Schnitt für ein Pflaster doch zu tief scheint, kann man es immer noch so sehen wie Marios Großvater das zu tun pflegte: *Wer weiß, wofür es gut ist?*

An den schlimmen Dingen wachsen und reifen wir; ihren Wert erkennen wir oft erst im Nachhinein.

Neben *nicht bewerten* und *Schönreden* besteht eine dritte Möglichkeit darin, das Unschöne oder Unangenehme an einer Situation zunächst einmal zu akzeptieren. Also zu akzeptieren, dass es gerade nicht nur angenehm ist. Im zweiten Schritt benennt man möglichst genau, was man fühlt und in einem dritten Schritt erforscht man dann, was abseits von dem, was man bereits benennen konnte noch ist. Man beschreibt für sich, was im Außen geschieht und was in einem selbst vor sich geht. So kann man Momente und Situationen filetieren, zerlegen und untersuchen. Die Klarheit macht uns nüchtern und die Emotionen zu benennen macht sie handhabbar.

BeBeBe und Die Kraft des Weil

Ben hat eine Kommunikationsübung ersonnen, die er *Aristoteles* nennt. Sie besteht im Wesentlichen daraus, dass man im Gespräch miteinander bei Aussagen und Beobachtungen ein „weil" mit nachfolgender Begründung anhängt. „Ich sage das, weil…", „Ich fühle mich so und so, weil…", „ich mache das, weil…" und so fort. Das bringt uns in den Kontakt mit uns selbst und fördert manche Überraschung über unser Innenleben hervor. Hintergedanken rücken nach vorne. Die Meinungsebene stimmt öfter mit dem Gesagten überein und wir fühlen uns integer. Doch der Weg dahin ist steinig. Viele Menschen, die diese Übung ausprobieren, stoßen schnell an eine Grenze. Ben hörte immer wieder: „Ich sage das, weil, keine Ahnung warum?" Über die Zeit fangen wir jedoch an, unsere Sprachmuster und die Gedanken dazu zu hinterfragen. Das trainiert das Denken über das eigene Denken.

Wir lernen uns selbst besser kennen. Durch die Reihenfolge aus Beobachten, Benennen und Begründen (BeBeBe) bekommt eine gedankliche Neubewertung aber auch ein Fundament, eine Plausibilität und Überzeugungskraft; wodurch sie länger hält. Eine Schwierigkeit bei der Grundidee der gedanklichen Neubewertung ergibt sich daraus, dass Resilienz ist wie eine Wippe.

Resilienz ist wie eine Wippe

Vielleicht haben Sie schon davon gehört, dass man Kinder in Abhängigkeit davon, wie robust sie wirken, in „Löwenzahnkinder" und empfindliche „Orchideenkinder" unterteilt. Diese Einteilung ist herrlich einfach – und damit erschöpfen sich ihre Vorteile auch schon. Ein wenig komplexer ist die Sache dann eben doch. Zum einen ist Resilienz eine dynamische Eigenschaft, kein fixes Merkmal wie Körperlänge. Sie ist an verschiedenen Tagen für verschiedene Menschen und verschiedene Situationen verschieden. Wieviel Resilienz wir für eine bestimmte Situation aufbringen müssen, hängt von vielen Faktoren ab. *Einer* der Faktoren ist unsere momentane Position auf der Resilienz-Wippe.

Stellen Sie sich eine Wippe vor, wie man sie auf Kinderspielplätzen finden kann. Manche Kinder sitzen weiter innen, andere weiter außen. Während die Kinder außen ein wildes Auf und Ab erleben und sattelfest sein müssen, regt sich in der Mitte fast gar nichts. Von dort aus kann man sich fast nur wundern über das Geschrei der Kinder außen.

Die Technik der Neubewertung ist für Kinder/Leute außen auf der Wippe eine gute Technik, wenn sie zu sehr durchgeschüttelt werden. Für die Kinder weiter innen, die kaum etwas von der Bewegung mitbekommen, kann die Neubewertungs-Methode nach hinten losgehen: Sie werden auf eine Problematik aufmerksam gemacht, die sie vielleicht gar nicht bemerkt hätten. Sie hätten sie gar nicht erlebt oder einfach ignoriert. Durch den Hinweis der Neubewertung bemerken sie erst, dass gar nicht alles in bester Ordnung ist. Das ist schade, denn so bringt man Menschen in eine schlechtere Situation als zuvor. Je nach Mensch und Situation ist die Methode also sinnvoll oder nicht. Das kann man übrigens verallgemeinern:

Zwei Arten von Problemen

Im Grunde gibt es zwei Arten von Problemen. Erstens Probleme, die man auch ignorieren kann. Und zweitens Probleme, die man *nicht* ignorieren kann, weil sie einem sonst irgendwann auf die Füße fallen. Zeitbomben.

Ähnlich wie bei der Kunst, das Rationale Netzwerk und das Empathische Netzwerk jeweils für das einzusetzen, worin die beiden gut sind, gibt es bei der Behandlung von Problemen zwei grundsätzliche Herangehensweisen, die jeweils mit einem festen Set von Vor- und Nachteilen kommen.

Wir möchten diese beiden Positionen hier „das weibliche Klischee-Extrem" und „das männliche Klischee-Extrem" nennen. Nicht, um Individuen etwas zu unterstellen, sondern einfach, weil Stereotype herrlich klare Bilder liefern, mit denen man sich Dinge besser merken kann. Hier sind sie:

das weibliche Klischee-Extrem		das männliche Klischee-Extrem
„Solange über Probleme gesprochen wird, sind sie beherrschbar und lösbar" ist die Devise dieses Extrems. Zugrunde liegt manchmal die Auffassung, dass Problembewältigung ein unverzichtbarer Bestandteil von Beziehungsarbeit ist, die ebenfalls als unverzichtbar angesehen wird.		Hier ist die Devise: „Ein Problem beginnt in dem Moment, wo jemand es anspricht und man es nicht mehr ignorieren kann." Ein Problem, das man ignorieren kann, ist auch kein Problem und vieles löst sich ja auch von selbst. Wenn was passiert, sieht man es ja und kann sich dann darum kümmern.
Vorteil: Probleme werden frühzeitig angegangen, es wird kein Problem übersehen, alles kommt auf		**Vorteil**: Das Leben ist überwiegend sorgenfrei,

den Tisch und kann behandelt werden, bevor Probleme zu groß werden. **Nachteil**: Nichtige Probleme bekommen unverdient viel Aufmerksamkeit, Zeit und Energie. Weil Probleme zum Selbstzweck werden, müssen zur Not welche herbeigeredet werden. Das kann eine Empfindlichkeitsspirale lostreten. Das ganze Leben besteht zunehmend aus Problemen und wird immer unansehnlicher.	man kann sich auf das Wesentliche konzentrieren. **Nachteil**: Echte Probleme werden gären oder sich auftürmen und dem Anwender dieser Technik um die Ohren fliegen. Massive Probleme in Beziehungen oder bei der Arbeit können tiefe Zäsuren in Leben schneiden, die nur an der Oberfläche sorgenfrei aussehen. Liegt das Kind im Brunnen, ist es eben zu spät.

Wir sehen: beide Extreme haben *echte* Vorteile und *echte* Nachteile. Wer stur eine Variante von beiden durchzieht, holt sich unweigerlich auch ihre Nachteile mit an Bord. Die einfache und elegante Methode, sich nur die Vorteile der beiden Methoden zu holen, besteht darin, ehrlich einzuschätzen, was ein echtes Problem ist und was nicht – um dann die geeignete Vorgehensweise zu wählen.

Also:

> Wer aus Mücken keine Elefanten macht *und* Probleme nicht aus Bequemlichkeit oder Konfliktangst kleinredet, wird die Kunst der Problemelösens bis zur Meisterschaft bringen.

Beim ersten Schritt, dem Einschätzen von Problemen, helfen abermals genaues Beobachten, Benennen und Begründen.

Zahnbürste und Zahnpasta

Stellen Sie sich vor, Sie sehen im Laden ein Angebot: „Zahnbürste plus Zahnpasta im Set für 1,10 Euro". Sie wissen, dass die Zahnbürste *einen Euro teurer* ist als die Zahnpasta. Wieviel kostet die Zahnbürste?

Sofort springt uns eine Antwort an. Das Ganze schreit förmlich danach, dass die Zahnbürste einen Euro kostet und die Zahnpasta zehn Cent. Und grämen Sie sich nicht, falls Sie das auch gedacht haben, denn selbst Harvard-Studenten machen diese Aufgabe je nach Semester zu 80 bis 50 Prozent falsch. Die richtige Antwort ist natürlich ein Euro und fünf Cent für die Zahnbürste und fünf Cent für die Zahnpasta. Falls Sie diese Aufgabe nicht kennen, aber *richtig* gelöst haben, ist bei Ihnen höchstwahrscheinlich ungefähr folgendes abgelaufen:

„Die Bürste ist einen Euro teurer als die Zahnpasta. Ein Euro zehn. Zehn Cent und ein Euro. Ein Euro. Passt.
Moment, irgendwas stimmt da nicht.
Ja warte mal, ich rechne das nochmal nach. Ein Euro teurer als zehn Cent wäre ja schon 1,10. Dann würde das Ganze ja 1,20 kosten. Kann nicht sein. Die Zahnpasta muss billiger sein. Fünf Cent und 1,05 gehen auf. Also 1,05 Euro für die Bürste."

Dieses Beispiel ist analog zu einem, das Daniel Kahnemann in *Thinking Fast and Slow* (deutscher Titel: Schnelles Denken, Langsames Denken) anbietet, um seine Metapher von „System eins" und „System zwei" zu erklären. Das sind Metaphern für zwei verschiedene globale Systeme im Gehirn, die unterschiedliche Herangehensweisen an Problemstellungen haben und deren Fähigkeiten sich im Idealfall ergänzen. System eins ist sehr schnell und gut darin, energieeffizient große Datenmengen nach Bekanntem zu filtern, zu kategorisieren und schnell zu Schlussfolgerungen und Lösungen zu kommen. System zwei ist der „Turbo", von dem wir weiter oben gesprochen haben. Der Turbo, mit dem wir die energieeffizienten Schnellschüsse von System eins noch einmal gegenprüfen können, der selbst aber viel Konzentration und Kalorien verbraucht.

Wann wir System zwei, den Turbo mit den besonderen Fähigkeiten, mit hinzuschalten, stellt ein evolutionäres Optimierungsproblem dar: Wer immer alles doppelt und dreifach prüft, macht den Turbo schneller müde, reagiert durch die Extra-Prüfungen langsamer und muss wegen des Kalorienverbrauchs zu viel Futter finden. Wer den Turbo *nie* einsetzt, lebt wie ein Wesen, das gar keinen hat und wird denselben Beschränkungen unterliegen und dieselben Fehler machen. Oder ganz verkürzt: Wer hadert, wird gefressen oder verhungert. Wer nie innehält, kann sich die Welt nie Untertan machen.

Der Trick ist also, eine gute Intuition dafür zu entwickeln, wann der Turbo sich lohnen könnte. Das war in dem fiktiven Gedankengang oben die Zeile mit „Moment, irgendwas stimmt da nicht." Die Überlegung danach war ein Beispiel dafür, wie System 2 die Sache gelöst haben könnte.
Wo ist jetzt der Zusammenhang zum Thema Resilienz? Der ergibt sich aus der Beziehung von Stress zu System zwei, dem Turbo. *Wenn wir mental am Limit sind, ist der Druck, Kräfte zu sparen, höher.* Wir werden System zwei seltener einsetzen und deshalb mehr vermeidbare Fehler machen. Fehler, die wir normalerweise nicht machen würden und für die wir von anderen dann auch besonders gemaßregelt werden. „Streng Dich mehr an, dann passiert so etwas nicht!" ist dann die Kernbotschaft. Und die Kernbotschaft ist dann im Prinzip richtig, allerdings fehlt dem Empfänger da längst die Kraft dazu, das auch umzusetzen. Wenn wir erschöpft sind, erlauben wir uns weniger Pausen und Unterbrechungen. Wir werden uns seltener zurücklehnen und uns die Sache, an der wir arbeiten, nochmals in Ruhe ansehen. Stattdessen hangeln

wir uns von mentaler Abkürzung zu mentaler Abkürzung, solange es eben gut geht. Die Abwärtsspirale aus Erschöpfung, Fehlern und Frustration setzt sich dann immer weiter fort.

Hypnagogie

Was wir uns ebenfalls wegnehmen, wenn wir nonstop mit ängstlicher Anspannung weiterarbeiten, sind hypnagogische Einfälle. *Hypnagogie* ist ein Bewusstseinszustand, den wir beim Einschlafen durchleben. Er ist halluzinogen und in hohem Maße kreativ, wie die Forscherin Delphine Oudiette und andere 2021 zeigen konnten. Menschen, die diese Einschlafphase durchlebten, konnten dreimal häufiger zuvor gestellte Matheaufgaben lösen als andere – und sechsmal häufiger als Teilnehmer, die man weiterschlafen ließ. Wenn Sie diesen Effekt nutzen wollen, setzen Sie sich entspannt hin und nehmen Sie etwas in die Hand, einen Tennisball oder einen Schlüsselbund. Es sollte etwas sein, das Sie aufweckt, wenn es zu Boden fällt. Sobald Sie einnicken, lässt Ihre Hand los und das Geräusch weckt Sie auf. So nehmen Sie die N1 genannte hypnagogische Schlafphase mit, ohne in Tiefschlaf oder Traum zu fallen. Außerdem ist so ein ultrakurz-Nickerchen eine sehr effiziente Erfrischung und bei Studierenden, die viel Lernstoff aufnehmen müssen, seit vielen Jahren ein Geheimtipp.

Mut zur Lücke

„Neulich ich meinen in und dort Katzen. Ich sehr und an Buch während die kraulen. War und würde glatt machen." Keine Angst: Sie haben richtig gelesen. So ähnlich klingt es, wenn man die Übung *Mut zur Lücke* durchführt, die Ben entwickelt hat. Die funktioniert so: Wir erzählen unserem Gegenüber etwas, das wir erlebt haben, sprechen aber nur jedes zweite Wort laut aus. Ähnlich wie beim Stroop-Test (bei dem man die abweichende Schriftfarbe von Worten wie GRÜN GELB und ROT nennen muss, anstatt das Wort vorzulesen), braucht man hier permanente Konzentration, um den Routineprozess des Sprechens kognitiv zu überbrücken – und das macht System zwei. Wenn Menschen diese Übung machen, kann man oft bestimmte körperliche Reaktionen beobachten, die Improvisationsschauspieler auch von ihren Mitspielern kennen, wenn diese kognitiv stark gefordert werden:

Das erste, was man typischerweise beobachten kann, ist das Abreißen des Blickkontakts. Wir können den Kontakt zum Gegenüber nicht aufrechterhalten und blicken stattdessen zur Seite, auf den Boden oder durch die andere Person hindurch. Das verringert die Komplexität der Sinnesreize und erleichtert es uns, uns zu konzentrieren. (Vielleicht kennen Sie das auch von Leuten, die zum Rückwärtseinparken das Radio leise stellen). Wenn beim Improvisationstheater Spieler sich auf diese Weise abkapseln, um die Situation autonom in ihrem Kopf zu lösen, nennen die Kollegen das „in den Kopf gehen" oder „im Kopf sein".

Wenn man im Kopf ist:
Mario sagt, das Gegenteil von im Kopf sein ist *Sinnlichkeit* – egal, ob auf der Bühne oder woanders. Anstatt zu grübeln, fühlen Sie! Was spüren Ihre Finger, die Zehen, wie fühlen Sie sich? Wenn Sie ein festes Ritual möchten, um sich aus Ihren Gedanken zu reißen und wieder ins Hier zu finden, empfehlen wir die 5-4-3-2-1-Übung von Yvonne Dolan. Sie ist eigentlich für die Unterbrechung von Flashbacks, Angst- und Panikattacken gedacht, funktioniert aber auch für Grübeln und geht so:
Benennen Sie in Gedanken 5 Dinge, die Sie *sehen*. Also, sprechen Sie es in Gedanken wirklich aus. Dann fünf Dinge, die Sie *hören*. Dann benennen Sie fünf Dinge, die Sie *spüren*.
Dann vier Dinge, die Sie sehen, dann vier, die Sie hören, vier, die Sie spüren. Dann dasselbe mit drei, zwei, eins. Sie dürfen Dinge auch mehrfach nennen, setzen Sie sich nicht durch die Übung zusätzlich unter Druck. Probieren Sie es mal aus; es ist spannender, als man denkt!

System eins ist gut darin, Kontakt mit den anderen zu halten, System zwei ist dafür da, Dinge zu durchdenken. Gestresste Menschen haben oft das zusätzliche Problem, dass sie die Nachteile beider Systeme in sich vereinen: Gestresste haben einerseits oft einen negativen Gedankenstrudel (in der Literatur *rumination* genannt), das ist ein unkonstruktiver Grübelkreislauf, in dem sie sich *allein und unverbunden* dem Problem stellen, *ohne aktiv auf eine Lösung hinzuarbeiten* – gefangen in einem negativen System zwei, in der *Grübelschleife*. Dieses Gefängnis wird dann oft noch doppelt verschlossen mit unbeantwortbaren Fragen wie: Warum ich? Warum passiert das mir? Warum ausgerechnet jetzt?, wie Susan Nolan-Hoeksema beschrieb. Eine ergebnislose, geistige Energieverschwendung, die alles nur noch schlimmer macht.

Wer für System zwei schon gar nicht mehr die Kraft hat, kann sich im Springen zwischen verschiedenen Aufgaben verlieren: Man macht so lange an einer Aufgabe weiter, bis man an einen Punkt kommt, an dem man etwas tiefer durchdenken müsste und wechselt dann zur nächsten Aufgabe. Irgendwann kommt man bei keiner Aufgabe mehr weiter und macht etwas ganz anderes – gefangen in System eins, in der *Ablenkungsschleife*.

Rumination

Ruminatio ist das lateinische Wort für Wiederkäuen. Wir verwenden es heute für die Angewohnheit, im Geiste immer wieder unangenehme Gedanken und Probleme aufzustoßen und mental auf ihnen herumzukauen. Diese Angewohnheit, uns mit ungelösten Aufgaben und bevorstehenden Problemen zu belasten, wenn wir eigentlich gerade etwas anderes tun, bringt mehrere Nachteile mit sich. Wenn wir außerhalb der Arbeit dem Dringlichkeitsgefühl nachgeben und uns Sorgen und vielleicht sogar ein schlechtes Gewissen machen („wieso war denn der Herr F. heute so gemein zu mir?", „So viel zu tun, wie soll ich das nur je schaffen?", „Wie soll das alles nur weitergehen?"), dann bedeuten diese Ängste für unseren Körper Stress. Als Resultat *erholen wir uns nicht* und füllen unsere Batterien nicht. So beginnen wir den nächsten Arbeitstag, ohne Kraft geschöpft zu haben. So schnell beginnt eine Abwärtsspirale. Das ist auch der Grund dafür, warum Rumination als Angewohnheit sehr eng mit Depressionen zusammenhängt.

Beim Grübeln hängt man gewissermaßen in der Vogel-perspektive über seinen Problemen fest und grämt sich – ohne aber vorwärts zu kommen. Psychologe Guy Winch hat herausgefunden, wie man den Grübelkreislauf bricht: Finden Sie die *konkreten Probleme* und machen Sie einen *konkreten Plan*. „Meine Arbeit ist so anstrengend" ist kein konkretes Problem. „Ich muss noch die Präsentation fertigmachen und das Angebot an Frau Z. schreiben" sind konkrete Aufgaben, die man angehen und planen kann.

Die Zeit, die wir mit Grübeln verbringen, kann sehr lang werden und ist uns oft gar nicht bewusst. Winch führte Protokoll bei sich selbst und stellte fest, dass er in einer einzigen Woche vierzehn ganze Stunden außerhalb der Arbeit mit Grübeln verbracht hatte – und das bei Dingen, die eigentlich hätten erholsam sein sollen und können. Wenn Sie spüren, dass Sie Ihre Zeit nicht genießen können, machen Sie einen konkreten Plan für die konkreten Aufgaben, die anstehen. Wenn Sie möchten, verwenden Sie dafür die Eisenhower-Matrix (Seite 74) oder die Ivy-Lee-Methode (Seite 115). Nutzen Sie die Zeit konstruktiv – durch das Grübeln wird Ihre Erholung ohnehin verhindert und die Zeit ist dadurch ohnehin verloren. Planen Sie so ausführlich, dass Sie dem Plan trauen und loslassen können. Und dann füllen Sie Ihre Batterie und genießen Sie Ihre Zeit vollen Herzens, damit Sie wieder Kraft für den neuen Tag bekommen.

Flow

Dank der Arbeiten von Mihaly Csìkzentmihàlyi aus den 1990er Jahren wissen wir, dass es auch den umgekehrten Zustand gibt. Den als ideal erlebten Zustand, in dem wir überlegen können und gleichzeitig mit uns, einer Tätigkeit und anderen Menschen verbunden bleiben; der Zustand, in dem wir in geradezu optimaler Weise unsere eigenen Fähigkeiten mit denen der anderen verbinden können. Ein Erleben, das Menschen in der Antike als *Ekstase* kannten, wurde durch Csìkzentmihàlyi erstmals systematisch untersucht und zur modernen Flow-Theorie kondensiert.

Flow, der Zustand, in dem System zwei und System eins beide aktiv sind und sich produktiv ergänzen. *Mit spielerischer Leichtigkeit* gelingt uns unser Bestes und das zugleich mühelos – es ist nicht verwunderlich, dass diesen Zustand zu erleben als zutiefst befriedigend, glücklich und erfüllend beschrieben wird. Dank Studien von Charles Limb aus dem Jahr 2010 wissen wir, dass beim Flow-Erlebnis diejenigen Hirnregionen, die mit Selbst, Erwartungsdruck und Fehlerkorrektur assoziiert sind, bemerkenswert inaktiv bleiben. Gemessen wurde das bei Künstlern in Aktion durch eine funktionelle Magnetresonanztomografie, kurz fMRT. Flow bedeutet *Selbstlosigkeit*, ein (gemeinsames) Aufgehen im Prozess. Denken Sie an ein spielendes Kind. Egal, ob es mit Puppen spielt und die Dialoge spricht oder ein Spielzeugauto um eine Kurve driften lässt und dabei das Quietschen der Reifen und das Röhren des Motors nachmacht: Das Kind selbst verschwindet, es löst sich auf und *wird zu der Szene*. Und diesen selbstlosen, seligen, befreiten, spielerischen Zustand suchen viele Künstler Zeit ihres Lebens wieder und wieder.

Vielleicht ist dieser harmonische Idealzustand so etwas wie System drei, meint Ben. Belastbare Forschungsergebnisse dazu sind derzeit noch rar, auch wenn Keith Sawyer mit *Group*

Genius 2007 den kreativen Flow von Gruppen populärwissenschaftlich bekannt gemacht hat.

Was immerhin bekannt ist, ist die Existenz eines „Flow-Tunnels". Wenn die eigene Befähigung in einer Sache auf eine passende Schwierigkeit trifft, kann Flow entstehen. Wenn wir also weder unter- noch überfordert werden und wenn wir nicht in die Selbstreflexion geraten. Auf einem Diagramm mit „Befähigung" und „Schwierigkeit" ergibt sich also von links unten nach rechts oben eine Art Tunnel, in dem Flow möglich ist.

Im Podcast *Speaking About Psychology* spricht Kate Sweeny von der University of California in Episode 163 über ihre Studien zum „Sorgenmachen". Dank dieser Studien wissen wir, dass es für das Ausmaß an Motivation und Sorgen ebenfalls eine grüne Flow-Zone und so einen Tunnel gibt: Es darf uns nicht völlig egal sein, weil sonst die Motivation fehlt. Man muss sich also schon um die Sache *sorgen*. Aber wirklich besorgt zu sein oder sich vor Sorgen verrückt zu machen und damit zu lähmen ist auch wieder kontraproduktiv. Wie bei Anspannung gibt es auch bei Motivation einen Idealbereich in der Mitte.

Für Führungskräfte ist es von großer Wichtigkeit, Menschen beruhigen oder motivieren zu können, je nachdem, wo diese gerade stehen. Und natürlich, Teams so zu entwickeln, dass sie das autonom auch füreinander tun und sich gegenseitig in den Idealbereich hinein regulieren können. Das ist die Kunst der *Inspiration*. Jemanden zu inspirieren heißt, das Motivationsparadox zu überwinden und *von außen* eine *intrinsische* Motivation zu erzeugen. Also im Außen Bedingungen zu schaffen, unter denen Menschen sich selbst motivieren.

Das war Teil zwei von kognitive Veränderungen. Wir haben gesehen, dass wir mit Worten und gedanklichen Beschreibungen beeinflussen können, wie wir Dinge bewerten

– und dass wir uns sogar entscheiden können, *ob* wir etwas bewerten wollen oder es einfach als gegeben hinnehmen. Wir haben gesehen, dass auch unangenehme Erlebnisse oft ihr Gutes haben und wir dieses Gute oft erst später erkennen können. Durch Beobachten, Benennen und Begründen können wir unsere Gedankengebäude genauer erforschen. Durch das Bild der Wippe und durch die beiden Extreme „Probleme erfinden" und „Probleme ignorieren" haben wir gesehen, dass es Kräfte spart, wenn man den Umgang mit Dingen daran bemisst, ob sie wirklich entscheidend sind und anschwellen, oder ob sie so klein sind, dass sie ignoriert werden können und sollten. Am Zahnbürsten-Beispiel haben wir gesehen, dass unsere sehr schnellen intuitiven Urteile nicht immer treffen. Wir haben gesehen, wie man den kreativen Zustand der Hypnagogie erreichen kann und auch, wie Denken und Reflektieren sich zur Grübelschleife verselbständigen können und wie man stattdessen in den ekstatischen, produktiven Flow-Zustand finden kann. Kommen wir zu Teil drei, dem Abschnitt über das Treffen von Entscheidungen.

c) Entscheiden

Zu jedem Zeitpunkt sind in unserem Gehirn etwa ein bis zwei Prozent unserer Neurone aktiv, schätzt Hirnforscher Jeff Hawkins in *A Thousand Brains*. Wenn alle zugleich feuern würden (was hoffentlich nie jemandem passiert), entspräche das einer Leistungsaufnahme von ein bis zwei *Kilowatt* – so viel wie ein Wasserkocher. Bei ihrer unablässigen Arbeit werden Neurone ordentlich strapaziert und ihr Stoffwechsel erzeugt Abfallprodukte. Wenn Sie sich ein unterirdisches Mega-Parkhaus mit Hunderten von Millionen von Autos vorstellen, bei denen immer die (Verbrennungs-)Motoren etlicher Millionen von Autos laufen, dann können Sie sich vorstellen, dass die Luft dort unten nicht besser würde. Je nachdem, wie groß die Luftreserve wäre, würde der Luft irgendwann so viel Sauerstoff entzogen und sie so mit

Kohlenstoffdioxid angereichert, dass die Motoren nicht mehr ihre volle Leistung entfalten können und irgendwann theoretisch ausgehen müssten.

Das ist einer der vielen Gründe, warum wir Tiefschlaf brauchen. Im Tiefschlaf spült, wie weiter oben erwähnt, das Glymphatische System das Hirn durch und entfernt die angefallenen Abfallstoffe. Was dieser Vergleich mit einem Parkhaus nicht berücksichtigt, ist, dass die Neurone im Gehirn sich, anders als die Autos im Parkhaus, untereinander synchronisieren müssen, um gemeinsam komplexe Anforderungen zu erfüllen. Wenn es während eines weit vernetzten Prozesses an einzelnen Stellen zu Verzögerungen kommt, weil eine Übertragung länger dauert, dann muss der ganze Prozess darauf warten. Es ist also in dieser Hinsicht eher wie ein unterirdisches Schienennetz, bei dem sich die Verspätungen von Zügen immer weiter addieren. Wenn Neurone auf ihre Kollegen warten müssen, wird man langsamer im Kopf. Und Dinge, die man in vorgegebener Zeit schaffen muss, gehen häufiger schief.

In zeitgenössischen Computern wird versucht, Wartezeiten zu verringern, indem bestimmte Anfragen vorausgeahnt und schon einmal in verschiedenen Varianten berechnet werden, damit die Ergebnisse schon bereitstehen, wenn eines davon tatsächlich gebraucht wird. Auch Neurone arbeiten überwiegend mit Antizipation, wie man erst seit kurzem weiß. Auch hier bietet Hawkins' Buch spektakuläre Einsichten.

Wie ein Rennwagen auch nutzt sich unser Gehirn also während seines intensiven Einsatzes über den Tag hinweg ab. Und so, wie ein erfahrener Rennstall weiß, wie sich die Fahrweise, Motorforderung und Straßenverhältnisse auf das Fahrzeug auswirken und so, wie per Telemetrie der Zustand von Reifen und allen möglichen Systemen fortwährend geprüft wird, hat auch unser Gehirn die Möglichkeit, zu messen, wie leistungsfähig oder müde es gerade ist. Adenosin ist beispielsweise eines der Stoffwechsel-Abfallprodukte. Es sammelt sich im Gehirn an und wird von dafür vorgesehenen Empfängern und Rezeptoren bemerkt und gemeldet*.

*Falls Sie nicht gerade Unmengen Koffein zu sich genommen haben, was diese Rezeptoren besetzt und Ihnen die Illusion gibt, fitter zu sein, als Sie sind. *Es sei denn, Sie trinken immer Kaffee.* Dann hat Ihr Gehirn inzwischen bemerkt, dass es Müdigkeit nicht mehr korrekt messen kann und hat mehr Adenosin-Rezeptoren erzeugt. Dann müssen Sie (immer mehr) Koffein zu sich nehmen, um sich nicht müde zu fühlen. Koffein wirkt aber noch auf andere Arten anregend, weswegen es keine *reine* Illusion ist, sich wacher zu fühlen. Es ist kompliziert.

Das bedeutet, dass unser Gehirn nach einem guten Schlaf leistungsfähiger ist, eben ein Bisschen wie ein Rennwagen frisch nach der Wartung. Unsere Exekutivfunktionen – Planen, Arbeitsgedächtnis, Willenskraft – nutzen sich also durch Gebrauch über den Tag hinweg ab. Wenn wir uns viel konzentrieren und viel Willenskraft aufwenden müssen, dann erleben wir zunehmende *willpower depletion*, also das Nachlassen der Willenskraft. So, wie auch unsere Muskeln erschöpft sind, wenn wir uns den ganzen Tag körperlich anstrengen. Das wiederum führt zu einer Art individuellem Tageskontingent, welches *Körperbudget* oder *gedankliches Budget* genannt wird. Und das ist letztlich der Grund dafür, warum Zeitmanagement-Ratgeber jeder Art dazu raten, die schwierigen, anstrengenden oder großen Dinge als erstes anzugehen.

Ironischerweise konnte man in Indien in Versuchen diesen Effekt mehr als umkehren. Unter der Annahme, Geist wäre eine unendliche Ressource, man würde immer besser, je länger man sich mit einer Sache beschäftige, bauten Probanden über die Stunden hinweg nicht ab, sondern brachten konstante kognitive Leistungen. Offenbar konnte auch hier eine *Überzeugung* ein grundsätzliches Prinzip unserer Biologie kompensieren. Vielleicht ist es also gar nicht so hilfreich, Menschen von Körperbudgets und schwindender Willenskraft zu erzählen. Möglicherweise ärgern wir uns in ein paar Jahren darüber, ähnlich, wie Alia Crum sich darüber ärgerte, dass sie jahrelang Patienten beigebracht hatte, Aufregung ("Stress") wäre ungesund. Es könnte sein, dass hier der Glaube Berge versetzt. Entscheiden Sie selbst.

Zudem kann das Erfolgserlebnis, schon etwas Großes oder Schwieriges geschafft zu haben, uns tragen und zusätzlich motivieren. Mario kennt das vom Schreiben: Wenn er bis zum späten Vormittag schon ein ganzes Tagespensum schreiben konnte, kommen oft vor lauter Euphorie am Nachmittag noch weitere hinzu.

Bei Improvisation als Kunstform versuchen wir als Künstler, dem Publikum in dieser Hinsicht auch entgegenzukommen: Am Anfang, sobald das Publikum versteht, wie der Hase läuft, die komplexen Geschichten, differenziertes und mehrschichtiges Spiel, in der Mitte emotional intensiv und gegen Ende schlicht, aber energiereich. Machen Sie die Dinge, die fordernd sind, früh, dann die Einfachen, dann die, die Spaß machen. Wenn Sie selbständig sind, können Sie auch folgenden Trick anwenden: Hören Sie am Abend mitten in einer Sache auf, auf die Sie richtig Lust haben und nehmen Sie die Vorfreude mit in den nächsten Tag. Machen Sie dann motiviert daran weiter, um ins Tun zu kommen. Verpassen Sie aber nicht den Moment, auf die fordernden oder unangenehmen Sachen umzusteigen, damit Sie diese nicht anfangen zu meiden und vor sich her zu schrieben.

Diese einleitenden Worte also einmal dazu, wie man grundsätzlich leichter entscheiden kann, was man tut.

Allgemein kann man sagen, dass eine Entscheidung umso mehr Energie braucht, je unklarer ist, wie sie ausfallen wird. In unserem Kopf gibt es zu denjenigen Entscheidungen, die so kompliziert sind, dass sie uns überhaupt auffallen, viele verschiedene Informationen und Meinungen. Diese sind obendrein dynamisch: Stellen Sie sich den Abstimmungsprozess in einem Parlament vor. Da sind verschiedene Fraktionen, die verschiedene Dinge wollen. Sie sind unterschiedlich groß, bewerten Informationen verschieden, haben Aufs und Abs in der individuellen Tagesform, manche sind besonnener, andere aufgeregter. Wenn Sie eine Entscheidung erzwingen, dann wird das gemacht, was als erstes und am lautesten durch den Saal gebrüllt wird. Wenn Sie den Aktionsraum vergrößern und alle in Ruhe zu Wort kommen lassen, wird eine Einigung wahrscheinlicher und mehrheitliche Unzufriedenheit unwahrscheinlicher.

Wenn eine Entscheidung auf der Kippe steht und das Parlament mit sich ringt, kann das wieder zu Gegrübel und zu *Analyseparalyse* führen. Wenn kein Impuls oder Vorstoß stark genug ist, um die Entscheidung zu bringen, kann sich der Diskurs festfahren. Weiter unten sehen wir, wie man damit am besten umgehen kann.

Dieses Bild zeigt uns aber auch, dass Entscheidungen im Gehirn nie hundertprozentig sind. Manche werden mit großer, andere mit knapper Mehrheit beschlossen. Oft lassen wir noch Unsicherheits-Puffer für neue Informationen oder für den Fall, dass die Lage sich ändern könnte. Und das natürlich umso mehr, je unsicherer wir sind. Entscheidungen, die wir uns noch offen lassen, besetzen mentale Ressourcen. Es ist also energetisch günstiger, sich festzulegen und die Akte zu schließen. Dann hat man einen schön aufgeräumten Schreibtisch.

Das erzeugt aber Kosten an anderer Front. Einstein soll gesagt haben: "Wenn ein unordentlicher Schreibtisch einen unordentlichen Geist repräsentiert, was repräsentiert dann ein leerer Schreibtisch?" Welche Kosten erzeugt das?

Entscheidungen und Weltbild

Das Problem mit den geschlossenen Akten ist, dass das bei unserem Weltbild genauso funktioniert. Es besteht aus einer Vielzahl abstrakter Konzepte, die miteinander in Beziehung stehen. Wer, um „mental Strom zu sparen", die Akten immer so schnell wie möglich schließt, kann keine Informationen hinzufügen, kann sein Weltbild nicht erweitern und nicht verbessern. Wie bei körperlicher Betätigung auch gewöhnt sich das Gehirn an ein bestimmtes Ausmaß an geistiger Betätigung, an einen bestimmten Energiedurchsatz. Und wenn dieser überschritten wird, wehrt es sich erst einmal. Nicht nur nach innen, auch nach außen: Es wird sich auch gegen Leute wehren, die von uns fordern, ständig unsere Meinung zu Thema X wieder zu öffnen, sie anzupassen und zu erweitern. Je komplexer, unübersichtlicher, mehrdeutiger und häufiger wechselnd ein Thema oder unsere Umgebung ist, desto anstrengender wird es. Wenn ein Thema obendrein mit Furcht behaftet ist, muss man zusätzlich noch die Emotionen regulieren. Dadurch steigen die Energiekosten im Kopf noch weiter an.

Für Menschen, die es nicht gewohnt sind, im Kopf etliche Ordner parallel geöffnet zu halten und nebenbei Stressoren souverän zu behandeln, kann das zu einer hohen Belastung werden. „Bescheid zu wissen" und dazuzugehören sind

Sachverhalte, die in hohem Maße unser Ego aktivieren und eine weitere Hürde dafür bilden, die eigenen Überzeugungen als falsch oder veraltet anzusehen. Nur in akademischen und wissenschaftlichen Kontexten, wo es zum guten Ton gehört, seine Meinung oft anhand neuer Informationen anzupassen, ist das nicht mit Gesichtsverlust verbunden. Im Alltag fürchten Leute, dass andere ihnen nicht mehr trauen würden, wenn sie an ihren Überzeugungen nicht festhalten. Und sie fürchten vielleicht, ihrem eigenen Urteil nicht mehr zu trauen, wenn das immer wieder anders ausfällt.

Entscheiden in einer komplexen Welt

Nie haben wir das deutlicher gesehen als in der Corona-Pandemie inmitten einer Welt, die ständig komplexer, unübersichtlicher, mehrdeutiger und häufiger wechselnd wurde und wird. Das Wissen der Menschheit verdoppelt sich auch Dank der exponentiell wachsenden Zahl an Wissenschaftlern (je nach verwendeter Metrik) bereits alle paar Jahre oder Monate, bald wird es das alle paar Wochen tun. Im Jahr 2017 wurde im Schnitt *alle 13 Sekunden* eine wissenschaftliche Studie publiziert, rund um die Uhr. In einem einzigen Jahr wurden damit zwischen fünf- und fünfzigmal so viele Studien veröffentlicht, wie die Große Bibliothek von Alexandria an Schriftrollen enthielt. Noch schneller als unser Wissen wächst die Menge an erzeugten Daten auf der ganzen Welt.

Durch diese Beschleunigung verändert sich auch die Informationsgrundlage für Entscheidungsträger immer schneller. Es wird immer schwieriger, zu verstehen, warum sie so entscheiden, wie sie entscheiden. Die Anforderungen an einzelne Menschen werden immer höher. Damit umzugehen, ohne in Hektik oder Panik zu geraten, sondern ein gelassenes Gemüt zu entwickeln, wird mit jedem Tag wichtiger für ein erfülltes Leben. Seien Sie nicht immer der Fels in der

Brandung. Erlauben Sie sich auch manchmal, der Fisch in der Brandung zu sein; oder der Vogel darüber.

„Was geht mich mein dummes Geschwätz von gestern an" wird so oder so ähnlich Konrad Adenauer in den Mund gelegt. Und egal, ob er es wirklich gesagt hat: das ist die richtige Attitüde für das 21. Jahrhundert. Es gibt mehr über die Welt zu wissen, als ein Mensch jemals aufnehmen kann, und jeden Tag kommt noch viel, viel mehr dazu. Im Kopf alte Akten wegzuwerfen und sich anzupassen ist ein Zeichen von Reife und Kompetenz. Kümmern wir uns nicht darum, was unser Ego von uns denken könnte; oder die anderen Leute. Gehen wir mit der Zeit. Stellen wir viele Fragen. Hören wir zu. Und seien wir wählerisch damit, wem wir zuhören. Meiden wir Menschen, die sich sehr, sehr sicher sind in dem, was sie behaupten. Denn das sind Leute, die glauben, dass sie schon genügend wissen, um sich endgültig festzulegen. Niemand, der irgendwo arbeitet, wo es Fortschritt gibt, tut das. Das tun ausschließlich Menschen, die unsichere Menschen mit ihrem Selbstvertrauen einfangen und gewinnen wollen; keine Profis, die selbst mit klugen Leuten arbeiten, welche auf so ein Verhalten nicht hereinfallen würden.

Auffällig selbstsicheres Auftreten und absolute Aussagen findet man in Werbung, PR und Politik – nicht bei Experten.

Wie geht man nun also damit um, wenn man an einer Entscheidung festhängt?

Erstens: Priorisieren. Sie kennen jetzt die Eisenhower- und die Ivy Lee-Methode. Wenn Sie die nicht anwenden können, weil Sie sich nicht sicher sind, was wichtig und was dringend oder was Ihre Ziele sind, befassen Sie sich zunächst damit. Schreiben Sie die Dinge auf, die Ihnen am wichtigsten sind. Schreiben Sie auf, was Sie unbedingt wollen und was Sie unbedingt verhindern wollen. Schreiben Sie anschließend dazu, was Sie jeweils dafür tun können, damit die gewünschten Dinge passieren und die unerwünschten nicht. Dann: Simulieren Sie Entscheidungen. Lassen Sie die Münze oder einen Würfel entscheiden. Wenn Sie das Ergebnis sehen, fühlen Sie in sich hinein. Wie fühlt sich dieses Ergebnis an? Sind sie froh, dass der Würfel so gefallen ist? Oder sind Sie enttäuscht? Je mehr Tatsachen Sie über die zu entscheidende Sache auf Ihrem mentalen Schreibtisch parat haben und je mehr Sie über Ihre Wünsche, Ängste, Gefühle und Möglichkeiten wissen, desto leichter wird Ihnen Ihre Entscheidung fallen.

Zweitens: Verbindlichkeitssysteme schaffen. Wenn Sie eine Entscheidung nur mit Willenskraft umsetzen können und es deshalb nicht so richtig klappt, lagern Sie die Entscheidung aus. Machen Sie feste Termine mit anderen, entwickeln Sie Routinen. Mario meint hierzu:

„Manchmal bin ich müde oder unmotiviert oder es bahnt sich zum Beispiel eine Erkältung an und ich hadere, ob ich jetzt ins Training gehen soll oder nicht. Plötzlich stehe ich mit gepackter Tasche in der Sporthalle und denke: *Na, wenn ich schon da bin, dann spiele ich auch mit* – zwei Stunden später bin ich ausgepowert und glücklich und der Erkältungsanflug ist weg. Dann frage ich mich, wieso ich überhaupt daran gezweifelt habe, zum Sport zu gehen. Das ist das Tolle an einer Routine. Es passiert von selbst, ohne, dass man aktiv etwas entscheiden muss."

Das ist die Macht von Routinen („Default!") und Verbindlichkeitssystemen in der Form von regelmäßigen Terminen. Gründen Sie eine Messenger-Gruppe mit Gleichgesinnten, die Sie in den Sozialmedien finden. Tauschen Sie sich in der Gruppe täglich aus, veranstalten Sie virtuelle oder reale Treffen. Motivieren Sie sich gegenseitig! Setzen Sie sich Zwischenziele und legen Sie, je nach Typ, selbst Deadlines fest oder einigen Sie sich mit den anderen auf Deadlines.

Simulation, Leuchtturm, Kompass

Drittens möchten wir Ihnen drei Entscheidungshilfen vorstellen. Diese heißen *Simulation, Leuchtturm* und *Kompass.*

Bei der Simulation geht es darum: Manche Menschen gehen gerne systematisch an die Zukunft heran und denken verschiedene Szenarien und Verläufe durch. Sie überlegen für jede Variante dessen, was „die Welt tut", wie sie dann reagieren oder handeln wollen und schreiben sich also gedanklich Rezepte für verschiedene mögliche Welten.

Andere haben ein gutes Gefühl dafür, was ausgewählte Vorbilder in ihrer Lage unternehmen würden. Sie verwenden Menschen wie einen Leuchtturm; als Orientierung, in welche Richtung sie grundsätzlich möchten. „Was würde XY in dieser Lage tun?" ist eine Frage, die uns dazu inspiriert, weise und mutig zu handeln. Auch, weil unsere Vorstellung dieser Person nicht den Ängsten ausgesetzt ist, die unsere Überlegungen oft unbemerkt beeinflussen. Sie ist in unserem Kopf idealisiert, wie eine Romanfigur, und kann deshalb überraschende Klarheit in Situationen bringen, die uns schwierig und unübersichtlich erscheinen.
Es ist ein Bisschen Typsache, ob Sie verschiedene „Spielzüge" und mögliche Konsequenzen durchdenken oder ob Sie sich fragen, was Dr. Seuss, Captain Picard, der Dalai Lama oder Wonder Woman in Ihrer Lage tun würden. Was würden Sie sagen, welcher Typ Sie sind? Vielleicht lohnt es sich, Ihre Stärke in einer der beiden Methoden gezielt auszubauen.

Eine weitere Möglichkeit, sich bei Entscheidungen zu orientieren ist eine Methode, die von Personen und Leitbildern eher losgelöst ist: Die Haltung. Eine Haltung, die eine Vielzahl von Werten zugleich verkörpert, verrät Ihnen zwar nicht die konkrete Lösung für eine Situation, in der Sie noch nie waren. Aber eine Haltung beschreibt Ihnen, welche

Eigenschaften eine gute Lösung haben würde und lässt Sie gleich in die richtige Richtung denken. So finden Sie leichter zu einer Lösung, die Ihrem Wesen und Ihren Werten ganz und gar entspricht. Ihr eigener moralischer Kompass. *Was ist mir wichtig* und *Welche Werte will ich leben* sind Fragen, die hier gute Orientierung bieten.

Ressourcensysteme

Es ist wichtig, für sich herauszufinden, was einem wichtig ist. Erinnern Sie sich an die Zehnfingermethode, an *Wie fit bin ich heute* und den Abschnitt über Ernährung. Nehmen Sie diese doch als Inspiration, um zu schauen, wo Sie die Erfüllung für die verschiedenen körperlichen und seelischen Belange finden, die das Menschsein so mit sich bringt. Es können gerne mehrere Quellen für jede Sache sein, damit Sie sich nicht unnötig in Abhängigkeiten begeben. Diese Quellen werden oft andere Menschen sein. Im Idealfall wissen oder spüren wir, welche Menschen uns auf welche Art erfüllen. Wir sollten uns aber davor hüten, das in Erwartungen oder Forderungen umzuformulieren.

Andere Menschen sind nicht nur für uns da und sind kein reines Mittel zum Zweck. Andere Menschen sind jeweils bereits ein Zweck in sich und kein bloßes Werkzeug, wie wir spätestens durch Immanuel Kant wissen. Wenn Menschen uns etwas schenken, ist unsere Freude umso größer, je mehr wir uns das Geschenk klar machen und je weniger wir es als selbstverständlich ansehen. Dankbarkeit macht uns stark und glücklich. Zu hohe Erwartungen sind dagegen die sicherste Methode, uns unglücklich zu machen und auch den größten Luxus und die wunderbarsten Geschenke zu verderben. Helfen wir anderen Menschen. Das Glück, das wir dabei empfinden, wenn wir es tun, ist Karma. Nicht die Vorfreude auf eine kosmische Gegenleistung irgendwann in der Zukunft. Lassen Sie uns selbst eine Ressource für andere sein – ein Freund. Wir wachsen daran und machen uns selbst damit glücklicher.

174

Beziehung

Letztlich sind auch unsere romantischen Beziehungen sehr direkt davon betroffen, wie gut wir uns, unseren Partner und unsere Emotionen kennen. Die Psychologieprofessorin Joanna Davila sagt, aus ihren Studien kristallisierten sich drei zentrale Fähigkeiten heraus, die für funktionierende, erfüllende Paarbeziehungen essenziell sind. Diese drei Fähigkeiten nennt sie *insight, mutuality,* und *emotion regulation.* Das bedeutet erstens Einblick in die eigenen Bedürfnisse und darin, was unsere Handlungen bei unserem Partner auslösen. Wie man seine eigenen Bedürfnisse erforschen kann, haben wir weiter oben gesehen. Und um vorherzusehen, was unsere Handlungen auslösen werden, braucht es Interesse und Empathie. Wer weiß, wie der eigene Partner sich fühlt, wenn wir stundenlang nicht auf seine Nachrichten antworten oder uns nicht bedanken, wenn er uns unseren perfekt zubereiteten Lieblingskaffee serviert; wer weiß, wie der eigene Partner tickt und dass er zum Beispiel sowieso immer zu spät kommt oder alles wörtlich nimmt, kann es sich und dem Partner mit sehr wenig Mühe angenehmer machen.

Mutuality, Gegenseitigkeit, bedeutet, die eigenen Bedürfnisse und die des Partners gleichsam einzubeziehen und möglichst offen mitzuteilen. Das ist auch der Kern dessen, was gemeint ist, wenn Paare miteinander reden: Was will ich, was willst Du, wie machen wir uns glücklich?

Und die dritte Fähigkeit ist laut Davila die, eigene Emotionen zu regulieren. Dafür haben wir hier gleich mehrere Abschnitte reserviert. So, wie dieses Buch Ihnen hoffentlich dabei hilft, sich selbst zu stärken, kann es also gleichzeitig auch dabei helfen, Ihre Beziehungen zu stärken.

Damit sind wir nach *Fühlen, Denken* und *Entscheiden* am Ende von Abschnitt zwei des Themas Resilienz — kognitive

Veränderungen. Kommen wir zum dritten und letzten Abschnitt von Resilienz: Regenerative Veränderungen.

3. Regenerative Veränderungen

Resilienz ist ein wenig wie Muskelkraft. Wenn man *sie jetzt sofort* braucht, hat man sie entweder, oder gerade nicht. Sie zu haben, hat eigentlich nur Vorteile. Und: Wer regelmäßig etwas dafür tut, kann sie aufbauen, damit sie da ist, wenn sie plötzlich gebraucht wird.

Ben hat gerade ein Interview mit Dr. Silja Hartmann geführt, der Autorin von *Resilience at the Workplace*. Dort hat sie mit dem Blick einer Psychologin unter die Lupe genommen, was wir über Resilienz eigentlich alles wissen. Gleichzeitig hat sie sehr viel Erfahrung in der Industrie und daher einen starken Praxisbezug in ihrer Forschung.

Auch sie kommt zu der Schlussfolgerung, dass Resilienz eine dynamische, also über die Zeit veränderliche, individuelle Eigenschaft ist, die eben auch abnehmen kann, wenn man sich nicht darum kümmert.

In diesem Buch haben wir uns bisher fast ausschließlich auf den Aufbau von Resilienz im einzelnen Menschen bezogen. Resilienz kann aber auch in einem Team oder in einer Organisation herrschen bzw. gebildet werden. Das hat natürlich sehr viel mit der Führung und der gelebten Kultur zu tun. Und auch damit, was in dem jeweiligen Untersystem möglich ist; weil ein Team oder Bereich ja in der Regel Teil eines noch größeren Systems ist.

Dr. Hartmann betont, dass für die Bildung von dieser Art von Gruppenresilienz zentral ist, dass Dinge auf den Tisch kommen und Emotionen benannt werden – ganz so, wie Sie das aus der individuellen Resilienz bereits kennengelernt haben. In

Unternehmenskontexten ist die häufigste starke Emotion, die artikuliert wird, Wut. Das ist ein Anfang, aber es gibt eben auch andere relevante Emotionen. Emotionen, die wir nicht direkt instrumentalisieren können oder wollen. Wenn wir zum Beispiel traurig sind und das gefahrlos aussprechen können, ist das schon eine Erleichterung und wirkt regenerativ. Die Emotion muss dafür nicht ausgelebt werden, wie wir oben gesehen haben. Aber wenn das Aussprechen möglich ist, beweist das allen eine Form von Kultur und entfernt eine Maskenschicht. Wir rücken als Menschen näher zusammen und beginnen, echte, tragfähige Beziehungen aufzubauen. Und gemeinsam Härten überstehen, ohne *Chakkah!* und andere Durchhalteparolen, ohne Vision einer gesegneten Zukunft irgendwann. Einfach, indem man zusammensteht, wenn etwas passiert. Selbst, wenn man nichts zum Besseren ändern kann. Denn dann ist man wenigstens nicht allein damit und kann hinterher sagen, dass man sich ehrlich gegenseitig beigestanden hat.

2016 verfasste Mark Manson einen Millionenhit mit dem Titel *The Subtle Art of Not Giving a F*ck*. Auf Deutsch *Die subtile Kunst des Daraufs*heissens*. Darin greift er die Idee auf, dass die Welt einfach furchtbar ist und dass man einfach lernen muss, darauf zu pfeifen. Und auch M. Scott Peck beginnt sein Buch *The Road Less Travelled* (auf deutsch: *Der Wunderbare Weg*) aus dem Jahr 1990 mit der Idee, dass das Leben hart ist.

Ja, das sagt man manchmal so lakonisch daher. Aber wenn man es einmal versteht und *akzeptiert*, dass das Leben hart ist und dass das Universum uns nichts schuldet, dann kommt man an einen inneren Ort, wo einen das weniger stört. Es befreit uns davon, immerzu mehr und mehr Genuss zu fordern und Schmerz um jeden Preis zu vermeiden oder zu leugnen. Und dann kommen wir an einen Ort, wo wir sehen: Das Leben ist hart – und gleichzeitig wunderschön.

Und die Fähigkeit, diese konfliktreichen Gedanken in einem Kopf zu vereinen, ohne verrückt zu werden, die ist – und macht – unheimlich stark.

Oder wie die Buddhisten sagen:
Schmerz ist unvermeidlich. Leiden ist optional.

Regenerativ zu handeln hat auch viel mit Achtsamkeit zu tun; mit Metakognition, und mit der Fähigkeit, das Nervensystem zu regulieren. Darum sind das die nächsten drei Abschnitte.

a) Achtsamkeit

Unser Geist hat, soweit wir bisher wissen, nur eine Aufmerksamkeit. Wie eine stark verstellbare Taschenlampe können wir das Licht auf einen Punkt bündeln wie einen Laserpointer oder den Lichtkegel weiten. Wir können ihn auch so weiten, dass unsere gesamte Umgebung ungefähr gleich viel Licht abbekommt. Bei Achtsamkeit geht es viel darum, die Aufmerksamkeit und ihre Bündelung kontrolliert und *gezielt* zu fokussieren und *gezielt* loszulassen, anstatt auch hier den entstandenen Routinen ausgeliefert zu sein. Achtsamkeit ist im Wesentlichen das bewusste Lenken der eigenen Aufmerksamkeit.

In seinen Achtsamkeitsseminaren macht Ben oft aufmerksamkeitsführende Übungen. Dort fokussiert man sich angeleitet zum Beispiel auf den eigenen Atem oder auf die Füße, auf Düfte in der Luft oder darauf, was man in der letzten Stunde oder in den vergangenen 24 Stunden gemacht hat. Manche Leute finden diese Übungen toll, manche finden diese Übungen in der Gruppe schön, mögen sie aber nicht alleine machen und wieder andere finden diese Art von Übung zunächst merkwürdig und tun sich schwer damit. Dann ist oft der Nutzen des Aufmerksamkeitstrainings noch nicht klar, Scham nimmt überhand oder das Vertrauen fehlt.

178

Für Menschen, die solche Übungen gerne selbst in die Hand nehmen möchten und es bevorzugen, der eigenen Stimme zu folgen, gibt es das Werkzeug des *Self Authoring*. Hier schreibt man einfach seinen Gedankenstrudel auf, alles, was einem in den Kopf kommt, Wahrnehmungen, Erinnerungen, Irritationen, was einen gerade bewegt. Schreiben ohne Pause. So kann man die Bewegungen der Aufmerksamkeit nachverfolgen und sehen, wo die eigenen Gedanken hinspringen, welche Aspekte sie aufgreifen, woran sie kleben bleiben. Wenn man das für eine Weile macht, gelingt dies irgendwann auch während herausfordernden Situationen im Leben. Eine mögliche Variante wäre eine Sprachaufzeichnung, bei der man seinen Bewusstseinsstrom in Echtzeit beschreibt wie ein Sportreporter, oder wie in Schnitzlers *Lieutenant Gustl* oder wie in James Joyces *Ulysses*.

Silja Hartmann meint, dass es über diese Übungen leichter wird, sich selbst und anderen zu erlauben, einfach mal Dinge herauszulassen und mit-zu-teilen. Als Dienst zur Selbstregulation. Dafür ist es aber wichtig, dass die Person, die etwas mitteilt, niemanden angreift oder verletzt. Aus Respekt gegenüber dem Mut und der Vorsicht der mitteilenden Person sind die anderen aber angehalten, sich nicht empfindlich zu stellen; also die Mitteilung vor allem als ehrliche Auskunft über die Gefühle der sprechenden Person zu verstehen und nicht persönlich zu nehmen.

| Überhaupt kann Vertrauen nur erhalten bleiben, wenn beide Seiten Vorsicht *und* Unempfindlichkeit mitbringen. Das Bemühen der anderen Seite zu ignorieren und sich empfindlich zu stellen ist genauso kontraproduktiv wie Rücksichtslosigkeit. |  |

Ben arbeitet in Köln auch mit der Firma Awaris zusammen, die weltweit Achtsamkeitsarbeit leistet und mit der Europäischen Union kooperiert. Was er dort gelernt hat, fasst er so zusammen:

Letztlich geht es immer um Signale; also darum, was Körper und Geist tun, und darum, diese zu regulieren. Mentale Stärke hat mit dem ganzen Körper zu tun und ist eben nicht „nur Kopfsache".

b) Metakognition

Metakognition heißt, über das Denken nachzudenken. Im weiteren Sinne ist damit hier gemeint: sich von außen sehen und das Innen und das Außen miteinander abzugleichen. In seinem Buch *Know Thyself* berichtet Stephen M. Fleming von seiner Forschung über Metakognition. Ein großer Teil seiner Forschung dreht sich um *die Überzeugung*. Aber nicht nur die Inhalte, von denen man überzeugt sein kann, sondern das Ausmaß des Überzeugtseins. Überzeugung im Sinne von *sich sicher sein* ist ein besonderes Phänomen. Wir alle kennen das, von uns selbst und auch von anderen: Manchmal sind wir uns bei etwas ganz sicher. Was aber leider überhaupt nicht bedeutet, dass das auch stimmt, wovon wir fest überzeugt sind. *Menschen irren sich.* Das beobachten zum Beispiel regelmäßig Polizeibeamte, die Zeugen nach einem Autounfall befragen. Durch fünf verschiedene Personen erhalten sie fünf verschiedene Versionen einer Geschichte. Auch wenn alle fünf überzeugt sind, die Wahrheit gesehen zu haben, sahen sie eben nur ihre Version davon. Wie unterschiedlich Menschen dasselbe Ereignis wahrnehmen, wurde bereits 1950 in Akira Kurosawas Film *Rashomon – Das Lustwäldchen* thematisiert.

Wie bringt man diese beiden Dinge zusammen, unsere gefühlte Sicherheit und unser Vertrauen in unser Urteil einerseits, und unsere Treffsicherheit und die Genauigkeit dessen, was wir fest vermuten andererseits? Darum ging es Fleming in seinen Experimenten. Er präsentierte Babys drei Kisten und legte ein Spielzeug in eine der Kisten. Dann wurde das Baby abgelenkt und sollte danach sagen, wo das Spielzeug ist. Je länger das Baby abgelenkt wurde, desto schwieriger

wurde es für das Kind, die richtige Kiste zu benennen.
Ungeachtet dieser nachlassenden Genauigkeit waren die
Babys sich immer ganz sicher, zu wissen, wo das Spielzeug ist.
(Erinnern Sie sich noch an den Teil mit den
Schlafexperimenten, wo die Übermüdeten immer angaben,
sie wären sich sicher, fit und wach zu sein?)

Was heißt es, sich sicher zu sein? Und was ist Genauigkeit,
also, ob die eigene Überzeugung auch tatsächlich zutrifft?
Diese beiden Dinge in Einklang zu bringen, kann man in
Echtzeit trainieren, wenn man Metakognition praktiziert. *Eine*
Möglichkeit dafür bietet Improvisationstheater. Man
verkörpert eine Rolle und gleichzeitig sieht man die Szene von
außen, aus der Publikumsperspektive, um abzuschätzen, was
die Erwartungen sind, um auch damit zu spielen. Gleichzeitig
sieht man die Szene auch mit dem Blick eines Regisseurs und
tastet auf verschiedene Zugrichtungen und mögliche
Funktionen der Szene hin ab. Man gewöhnt sich also daran,
Situationen grundsätzlich aus mehreren Perspektiven zugleich
zu sehen und das verschafft natürlich eine verbesserte
Übersicht.

Wenn Sie nicht direkt auf der Bühne durchstarten wollen,
versuchen Sie die *Spiegelstimme*. Das geht so: Wenn jemand
anderes spricht, sprechen Sie in Gedanken die Worte mit. Das
hilft dabei, sich selbst auch besser zuzuhören. Und das
wiederum hilft dabei, sich selbst stoppen und korrigieren zu
können. Es wird leichter, zu sagen: „Ah, Moment, das, was ich
gerade gesagt habe, stimmt so nicht, ich möchte das nochmals
umformulieren." Sie werden achtsamer mit Ihren eigenen
Worten.
Wie jämmerlich finden wir Leute, die offensichtliche, winzige
Fehler nicht zugeben können und die wildesten Geschichten
als Rechtfertigung erfinden, um so zu tun, als hätten sie den
Fehler nicht gemacht? Nur, wer Fehler bemerkt und zugeben
kann, kann souverän mit ihnen umgehen. Dafür ist es höchst

zielführend, nicht so zu tun, als wäre man der einzige Mensch auf der Welt, dem keine Fehler passieren und der sich nie irrt (und der also auch nichts mehr lernen kann).

Durch die Spiegelstimme und die zusätzlichen Perspektiven, die Sie nebenherlaufen lassen, gewinnen Sie zusätzliche Korrekturinstanzen und mehr Sicherheit. Der japanische Künstler Zeami Motokiyo beschrieb im späten 14. Jahrhundert als wichtige Fähigkeit von Schauspielern *riken no ken*, etwa „ein entkoppeltes Sehen", also die Technik, sich selbst während des Theaterspielens zuzusehen und gewissermaßen von außen wahrzunehmen.

Lisa Laskow Lahey und Robert Kegan beschrieben 2009 in ihrem Buch *Immunity to Change* verschiedene Bewusstseinsstufen. Die höchste von ihnen angenommene Stufe erreicht etwa ein Prozent der Menschen – durch Metakognition. Größtes Hindernis auf dem Weg nach „oben" sind vor allem tiefsitzende, vorbewusste oder unbewusste Annahmen, also in diesen weiter oben erwähnten Glaubenssätzen – und zweitens miteinander in Konflikt stehende Bestrebungen. Auch diese können wir nur bearbeiten, wenn wir sie erkennen und auf den Schreibtisch des Bewusstseins holen. Darüber nachdenken, wie man denkt; Metakognition.

Dieses eine Prozent, das es schafft, die Knoten der eigenen Persönlichkeit gezielt zu entwirren, besteht aus Menschen, die oftmals sehr erfolgreich sind im Leben, in ihren Beziehungen und in den Spielen der Gesellschaft. Metakognition scheint eine Fähigkeit zu sein, die sehr gut geeignet ist, um sich und andere zu regulieren – weil man einfach mehr wahrnimmt und die verschiedenen Rollen und Perspektiven sich gegenseitig stabilisieren. Vier Augen sehen mehr als zwei, sagt man. Wenn Sie *in sich* schon vier, sechs oder acht Augen haben, können Sie sich selbst schon so gut regulieren und ausbalancieren, wie es sonst eine kleine Gruppe von Menschen kann. Um Balance geht es auch im kommenden Abschnitt.

c) Balance der Nervensysteme

Stellen Sie sich vor, Sie sind wieder neun Jahre alt und stehen auf einer kleinen, hölzernen Plattform auf einem Spielplatz. Vor Ihnen ist ein dickes Seil gespannt, das mehrere Meter weit bis zur nächsten Plattform reicht. Vorsichtig setzen Sie einen Fuß vor den anderen und ganz natürlich bewegen sich Ihre Arme nach außen. Sie verändern den Körperschwerpunkt, da Sie gesehen und erfahren haben, dass Sie mit zwei ausgestreckten und aktiv mithelfenden Armen eher wieder in Balance kommen. Leider gehen viele von uns mit Ihrer Innenwelt so um, als würden sie mit *einem* ausgestreckten Arm besonders sicher über das Seil gehen. Das geht manchmal gut, doch irgendwann nicht mehr, nämlich dann, wenn es ziemlich schaukelt und wir vergessen, dass wir ja noch einen zweiten Arm haben. Woher kommt dieses Bild mit dem einen ausgestreckten Arm?

Ähnlich wie unsere tatsächlichen Arme ist unser autonomes Nervensystem (also der Teil außerhalb des Gehirns) ebenfalls in zwei Arme unterteilt, deren viele Nervenverästelungen sich durch den gesamten Körper ziehen. Diese zwei Nervensysteme heißen Sympathikus und Parasympathikus. Vereinfacht gesagt regt der Sympathikus uns an, der Parasympathikus entspannt und beruhigt uns.
Im Grunde sind alle Übungen und Techniken, die wir Ihnen bislang vorgestellt haben, auch dazu geeignet, diese beiden ins Lot zu bringen. Das liegt daran, dass es bei Resilienz eigentlich immer um Balance geht. Ein ausbalanciertes System lässt sich nicht so leicht aus der Bahn schubsen und in extreme, instabile Zustände bringen.

Der amerikanische Neurowissenschaftler Stephen Porges sagt, dass es einen wichtigen Hybridzustand gibt, also ein Zustand, bei dem Anregung und Beruhigung in einem ausgewogenen Verhältnis stehen. Diesen Zustand nennt er *Play* – Spielen. Er beschreibt es als Zustand zwischen Gefahr und Sicherheit und zwischen Aktivität und Passivität – je nach Art des Spiels. Durch Spielen bringen wir unser Nervensystem in Balance. Der Sympathikus steht eher für Aktivität und Machen, der Parasympathikus eher für tiefes Entspannen. Wenn eines der beiden Systeme übermäßig aktiv ist, kann uns das eben aus dieser Ausgewogenheit des Kräftegleichgewichts bringen.

Es gibt heutzutage mehrere Apps, die über Pulsmessung verschiedene Körperdaten ermittelt. Zum einen die HRV, die Herzratenvariabilität. Das können Sie sich vorstellen als den erlaubten Drehzahlbereich Ihres Herz-Motors, also, wie langsam schlägt es im Ruhezustand, gewissermaßen im Standgas, und wie hoch darf der Motor drehen, also der Puls steigen, ehe der Drehzahlbegrenzer dem ein Ende setzt.

Menschen mit großer Herzratenvariabilität reagieren gelassener auf Stressoren, einfach deshalb, weil der Körper nicht so schnell in den Grenzbereich gerät. Radprofi Jan Ullrich hatte zu seiner aktiven Zeit einen Ruhepuls von 33; unter Last konnte sein 1500 Gramm schweres Herz, (knapp viermal so schwer wie das eines Durchschnittsmenschen) 220-mal pro Minute schlagen.

Stellen Sie sich vor, Sie versuchen, so einen Menschen in einer Alltagssituation zu ärgern und in den Stress zu bringen. Wenn Sie es schaffen, dass sein Puls von 33 auf 53 steigt, wie wird sein Körper sich fühlen? Belastet? Besorgt? Kampfbereit? Nein, die zwanzig Schläge sind ja gerade einmal ein Zehntel des erlaubten Spektrums. Da ist noch *jede* Menge Puffer und Luft nach oben. Seine Körperreaktion wird beruhigend auf seinen mentalen Zustand und seine Emotionen einwirken.

Wenn Sie dagegen einen reinen Schreibtischtäter betrachten, der einen Ruhepuls von 80 und einen Maximalpuls von 150 hat, dann wären 20 Schläge Erhöhung auf 100 ein deutlicher

Schritt auf die Belastungsgrenze zu, ungefähr ein Drittel. Dieser Körper würde seinem Besitzer sagen: „Ui, pass mal lieber auf und wehre Dich, nicht, dass es noch schlimmer wird." Diese Person ist viel leichter aus der Ruhe zu bringen.

Herzratenvariabilität bedeutet auch, dass der Abstand zwischen zwei Herzschlägen sich dauernd leicht verändert, weil der (gesunde, nicht unter Dauerstress stehende) Körper feinstufige Anpassungen vornimmt, je nachdem, wie der Bedarf gerade ist. Deshalb messen die erwähnten Apps den sogenannten RR-Intervall zwischen den Herzschlägen und geben nach einer Reihe von Berechnungen, in die verschiedene Mittelwerte und Standardabweichungen einfließen, einen „Readiness Score" für den Tag ab, also eine Schätzung über die heutige Belastbarkeit und Leistungsfähigkeit. Das kann man dann in seine Planung einfließen lassen.

Die Wirkung von Spiel auf diese Balance wurde auch in einigen wissenschaftlichen Studien untersucht. So hat zum Beispiel Peter Felsman der Stony Brook University in New York einen Test entwickelt. Menschen, die nur 20 Minuten lang Improvisationstheater praktizierten, fühlten sich besser, hatten weniger Angst vor dem Unbekannten und fanden schneller mehr Lösungswege für die ihnen nach dem Training gestellten Aufgaben als Menschen, die stattdessen 20 Minuten lang repetitive Übungen gemacht haben. Die wohltuende, stabilisierende und regulierende Wirkung von Spielen steht also auf einer schnell wachsenden Studienlage.

Ein wichtiger Forschungsschwerpunkt von Stephen Porges ist der Vagusnerv, der größte und am stärksten verzweigte Nerv im menschlichen Körper. Er stellt die vermutlich wichtigste Verbindung zwischen dem autonomen Nervensystem und dem Zentralnervensystem (also dem Gehirn) dar. Dem

Vagusnerv kommt bei Erkrankungen wie Burnout-Syndrom eine zentrale Rolle zu. Worin besteht die?

Viele Betroffene erleben im Zuge der Burnout-Entwicklung eine zunehmende Beschränkung auf ihr Zentralnervensystem, sie fühlen sich, als säßen sie nur in ihrem Kopf und als bestünden sie fast nur noch aus Gedanken. Umgekehrt formuliert verlieren sie den Bezug zu Sinnlichkeit und ihrem eigenen Körper. Neugier, Abenteuerlust, Sinnlichkeit, das alles ist eng verwoben mit der Idee von Spiel überhaupt. Wer sich die Lust auf das Leben, Neues, Erlebnisse erhält, fällt nicht so leicht in Analyseparalyse, Grübeln, Gedankenkreisen, Sorgen und eine ängstliche Verengung auf das Vertraute. Der Duft von geschnittenem Gras und Kräutern, das eigene schlagende Herz, die Kraft unserer Muskeln, Körperkontakt, Sonne auf der Haut, Lachen und Vogelgesänge in den Ohren, Wind im Haar – die Sinfonie unserer Sinne zu spielen und zu erleben ist doch letztlich ein Kern erfüllten Lebens. Rutschen wir zurück in unsere Körper, spüren wir das Blut durch unsere Venen schießen!
Lasst uns spielen, um Resilienz aufzubauen, lasst uns spielen, um in Balance zu kommen, und lasst uns spielen, um zu lachen!

Zusammenfassung

Was nehmen Sie aus diesem Buch mit? Zum einen wären da mehr als ein Dutzend kleine und große Feuerlöscher für seelisch brenzlige Situationen aller Art. (Falls Sie die noch nicht angesehen haben, warten die gleich hier im Anhang auf Sie). Sie wissen nun außerdem, wie Sie Ihr Persönlichkeitsinventar wetter- und feuerfest machen können.
Sie haben den Leguan Wendan aus dem vorderen Zingulum und den Vagusnerv kennengelernt. Sie wissen, was Stress (nicht) ist, zum Beispiel Aufregung – und dass man im Straßenverkehr nicht Gas und Bremse zugleich drückt.

Sie sind jetzt vertraut mit ZEFIBOS, dem Zehnfinger-System und der Coping-Palette. Sie können – mit HRV-App und ohne – checken, wie fit Sie heute sind und was Schlafentzug mit Ihnen macht. Wie Sie besser (ein)schlafen können, was Phosphene und Glimmer sind und wie neben *hara hachi pu* die besten Ernährungstipps lauten.

Sie wissen, wie Sie mit Eisenhower und Ivy Lee gegen Prokrastination vorgehen können, damit Sie auf dem Sterbebett keinen der fünf häufigsten Gründe für Gram auf dem Herzen haben.

Sie wissen, wie die eigene Haltung und Erwartung die Wirkung von Morphin, Sport, Milchshakes oder aufregenden Berufen verändern und was Sie tun können, um keinen Herzinfarkt zu erleiden. Sie wissen um Dankbarkeit und Ego und auch, wie Sie Ihre Themen auf den inneren Schreibtisch bekommen, um sie zu behandeln und um Ihre Automatismen auf den Grad Ihrer Reife anzuheben.

Sie wissen, dass ein kleinerer Prozentteil der Resilienz genetisch veranlagt ist und dass Sie Resilienz erlernen und aufbauen können. Sie haben eine Ahnung, was es bedeutet, wenn jemand an Sie glaubt oder wenn Sie an jemanden glauben und auch, was es für Sie tut, wenn Sie anderen helfen.

Sie wissen, wie wichtig Hobbies und andere Menschen sind, kennen die vier Tendenzen nach Gretchen Rubin und den (Para)sympathikus.

Sie wissen, wie einmalig jeder Moment ist, was Gefühle und Emotionen sind, warum manchen in einem Moment schlecht wird, während andere vor Freude strahlen und warum es keine Grundemotionen gibt. Sie kennen Systematisierer und

Empathen und wissen, warum nicht nur Arachnophobiker gut benennen können müssen.

Sie kennen das innere Parlament, BeBeBe, Aktionsraum, Framing und die Resilienz-Wippe; die zwei Arten von Problemen, Kahnemanns System eins und zwei, das Glymphatische System, *Flow*, Körperbudget und Analyseparalyse, Metakognition, Achtsamkeit und die wundersamen Wirkungen des Spielens.

Sie wissen jetzt, dass das Leben hart ist. Und wunderbar. Dass Humor alles leichter macht und man Dinge auch wichtig nehmen kann, ohne sie allzu ernst zu nehmen.

Wir hoffen sehr, dass für Sie etwas dabei war und dass Sie motiviert sind, das eine oder andere auszuprobieren. Vielleicht sehen wir uns ja einmal in einem Vortrag, Seminar oder Training – oder auf der Bühne, wenn Sie mögen.

Alles Gute!

Wir wünschen Ihnen, dass Sie immer gut lachen haben!

Ben und Mario

Über die Autoren

Mario Müller ist Gründer von ITRAKON. Er arbeitet als Führungskräftetrainer, Konferenzbegleiter und Regisseur; er unterrichtet Improvisation für Manager und für die Bühne. Er hat mit Professoren gearbeitet, mit ägyptischen Elitestudenten, amerikanischen Comedians, schweizer Kabarettisten, nigerianischen Eventmanagern, Menschen mit Demenz, Schauspielern, Menschen mit geistiger Behinderung, Vorständen, Unternehmern und chinesischen Clowns.

Erschienen sind von ihm bislang *Wolkentraining* (nicht öffentlich erhältlich), *Das Stählerne Bündel I+II* (Fantasy, derzeit vergriffen), *Bobs Gehirn* (auf Amazon erhältlich) und *Kommunikationskompetenzen* (Seminarbuch für die Hochschule Macromedia). „Die Kunst des Nichtdurchdrehens" war 2021 sein beliebtester Vortrag.

Wenn Sie ihn von der Bühne kennen, dann am ehesten durch das *Theater mit beschränkter Hoffnung* TmbH oder das *Improtheater Konstanz*. Mario ist Mensaner, spielt mit leicht übertriebenem Ehrgeiz die Randsportarten Faustball und Beachvolleyball und liebt Menschen, Tiere und Naturwissenschaften. Er ist ein *Questioner*, extrovertiert und ein Besserwisser erster Kajüte.

Dr. Ben Hartwig ist Geschäftsführer von Neuroblitz®. Er verbindet seine Karrieren als promovierter Genetiker und professioneller Schauspieler in Fortbildungen, die Resilienz-, Kommunikations- und Führungsthemen zum Leben erwecken. Ben konzipiert u.a. Fortbildungsprogramme für Institutionen der EU, für DAX-Konzerne und hat bereits auf fünf Kontinenten gearbeitet. Als erster Deutscher Anbieter entwickelte er mit KIM (Kognitive Improvisations Methode) eine Weiterbildung in Angewandter Improvisation, die Teilnehmende unter die Haube von Kreativität blicken lässt.

Wenn Sie Ben auf der Bühne erlebt haben, war es vermutlich als Redner zur Zukunft der Arbeit, zu guter Zusammenarbeit und zum Meistern von Komplexität, oder als Musicaldarsteller von *It's My Musical*.

Ben baut Brücken zwischen Wissenschaft, Kunst und Wirtschaft, ist Mitglied des Vereins Deutscher Wissenschaftler und organisiert Konferenzen zur Zukunft der Arbeit. Er bringt gerne Menschen zusammen, macht Musik, singt und tanzt. Als *Obliger* freut er sich auf Nachrichten zu seiner Arbeit und auf die Verbindungen, die daraus entstehen.

Anhang: Feuerlöscher

Hier finden Sie unsere Feuerlöscher zur sofortigen Behandlung von Stress. Das A und O der Stressbehandlung.

Welcher Feuerlöscher für Sie jetzt im Augenblick der richtige ist, hängt davon ab, wieviel Zeit Sie haben und wieviel Platz Ihnen zur Verfügung steht.

Auf der kommenden Seite finden Sie eine Übersicht, welche der von A bis O bezeichneten Feuerlöscher am besten zu der Zeit und dem Platzangebot passen, die Sie gerade haben.

Welchen Feuerlöscher soll ich nehmen? (Bitte drehen)

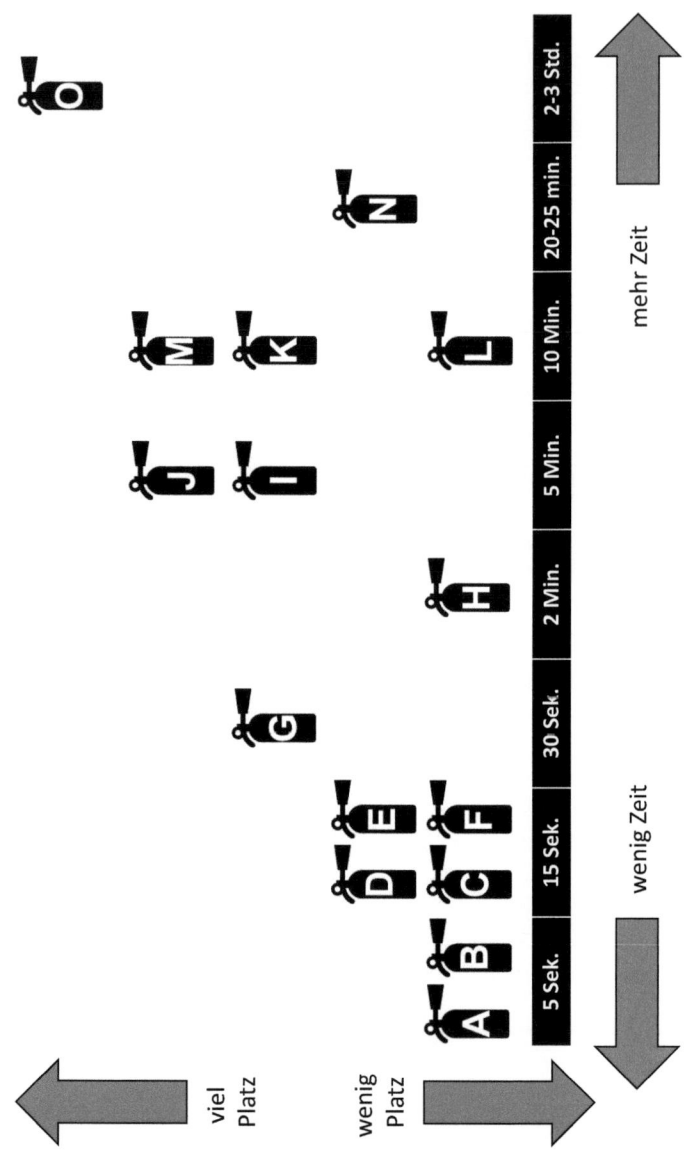

Feuerlöscher A

„ICH HABE KEINE ZEIT!" (5 Sekunden)

Genau wie Sie finden auch wir uns im Alltag immer wieder mal
in Situationen, in denen ein Mensch sehr aufgebracht ist.
Manche sind zornig, verzweifelt, regelrecht in Panik – eben
kurz davor, von einer intensiven Emotion überrollt zu werden.
Wenn das einem Coachee von Mario passiert, sagt er gerne
mal: „Jetzt atmen Sie mal tief ein und wieder aus." Was dann
in nahezu einhundert Prozent der Fälle passiert, ist, dass die
Person nickt und „jaja" sagt. Aber sie *atmet* nicht. Wenn Sie
Leuten raten, durchzuatmen, dann verstehen sie das sehr oft
als Aufforderung, sich selbst zu beruhigen – aber nicht als
Aufforderung, zu atmen. Und damit umgehen sie leider das
erste und wichtigste Werkzeug zur Selbstregulierung
überhaupt.

Kontextmaschine

Unser Gehirn ist eine Kontextmaschine, die zu jeder Zeit
riesige Reizmengen auswertet, um angemessenes Verhalten
daraus abzuleiten. Es versucht, Zusammenhänge herzustellen,
die Situation einzuschätzen und Vorhersagen zu machen.
Einen Großteil der hierfür herangezogenen Informationen
machen Signale aus dem eigenen Körper aus (technisch
gesehen sind *alle* Signale, die das Gehirn auswertet, aus dem
Körper. Gemeint sind hier aber Signale aus dem autonomen
Nervensystem, also aus unserem Rumpf, unseren Armen und
Beinen). Um also zum Beispiel zu entscheiden, ob eine
Situation bedrohlich ist, fragt das Gehirn in den Rest des
Körpers, wie es denn um Blutdruck, die Blutgase und den Puls
bestellt ist, wie es dem Magen geht, ob etwas wehtut, wie der
Blutzuckerspiegel ist und wie intensiv die nervliche
Gesamterregung ist. Wenn das Herz rast und die Hände

zittern, wird das Gehirn unvermeidlich darauf schließen, dass etwas los ist. Wenn es also aufgrund der übrigen Umstände eine tolle Situation ist, wird es ein besonders intensives, glückliches Erlebnis gewertet, wenn es eine schlimme Situation ist, dann wird sie als besonders schlimm erlebt. Der Kontext, der Zusammenhang, ist es auch, durch den wir wissen, ob Tränen aus Trauer oder Freude sind. Oder ob Stille Resignation bedeutet, oder Zorn, oder Glück.

Jetzt kommt hier ein wichtiger Effekt hinzu. Wir haben zwei globale Nervensysteme, die jeweils den gesamten Körper durchziehen und von denen eines, stark vereinfacht gesprochen, anregend eingreift und das andere beruhigend. Das anregende, das als Körper-Gaspedal verbildlicht werden kann, ist der Sympathikus oder das sympathische Nervensystem, der Gegenspieler ist der Parasympathikus oder eben das parasympathische Nervensystem; für die meisten unserer Systeme, die mit Handlungen zu tun haben, ist der Parasympathikus gewissermaßen unsere Bremse. (Wenn Sie den Anhang des Buches zuletzt lesen, wissen Sie das schon).

Seit Kurzem wissen wir, dass bei jedem einzelnen Einatmen unser Sympathikus aktiviert wird und bei jedem einzelnen Ausatmen der Parasympathikus. Unser Gehirn folgt also zu jeder Zeit einer Art Wellengang aus Anregung und Beruhigung, Anregung und Beruhigung. Von Christina Zelano konnte 2016 gezeigt werden, dass Menschen aufgeregte Gesichter schneller erkennen können, während sie gerade durch die Nase einatmeten; und entspannte Gesichter besser, während sie ausatmeten.

Wie bei fast allem, was unser Körper tut, besteht auch hier eine schier untrennbare Beziehung zwischen Ursache und Wirkung: Wie wir atmen, ist Ausdruck unseres Gemütszustandes. Und zugleich beeinflusst *wie wir atmen* unseren Zustand. Dieses Zusammenspiel von Ausdruck und der Wahrnehmung dieses körperlichen Ausdrucks ist eine von vielen Rückkopplungsschleifen, auf die wir bewusst Einfluss nehmen können, um zum Beispiel eine Erregungs-Eskalationsschleife zu brechen. Wer durchatmet, verhindert, dass sich eine Emotion oder Stress weiter aufschaukelt.

Man könnte eine Aufregungsschleife auf der kognitiven Seite unterbrechen, indem man zum Beispiel an etwas Schönes denkt oder sich klarmacht, dass es alles nicht so schlimm ist. Gedachte Worte haben neurologisch gesprochen aber eine sehr viel geringere Durchschlagskraft als Gefühle, Emotionen oder als das, was aus dem Körper kommt. Wie man Worte besser zur Selbstregulierung einsetzen kann, erfahren Sie in Feuerlöscher B und können Sie im Kapitel *Resilienz* nachlesen. Hier, in der Fünf-Sekunden-Notfall-Variante gehen wir von der Körperseite heran.

Wenn Sie also nur fünf Sekunden Zeit haben, tun Sie folgendes:

Holen Sie *tief* Luft. Ob durch Mund, Nase oder beides, ist egal. Lassen Sie, ohne zu drücken, die Luft durch den Mund herausfahren. Machen sie dabei einen richtigen Stoßseufzer. Wenn es klingt wie das langgezogene, selbstzufriedene Grunzen eines verliebten Wasserbüffels, machen Sie es richtig. Seien Sie laut und hemmungslos (in der Online-Konferenz vielleicht kurz das Mikro ausschalten).

Sie werden bemerken, dass Ihre Schultern sich entspannen, auch wenn Sie das nicht aktiv in Auftrag gegeben haben. Außerdem bemerken Sie, dass Ihr Stimmsitz sich senkt: Ihre Stimme wird augenblicklich tiefer, wärmer und entspannter. Wenn das nicht passiert, wiederholen Sie das Einatmen und Seufzen noch ein- oder zweimal, spätestens dann stellt sich ein Effekt ein. Das Wasserbüffel-Grunzen hilft obendrein, sich daran zu erinnern, wie schrecklich, schrecklich ernst wir

Menschen uns doch manchmal nehmen und dass man es damit vielleicht nicht immer übertreiben muss.

Eignet sich auch sehr gut für die Augenblicke, bevor man auf eine Bühne vor Menschen tritt – wenn man aufgeregt ist *und* das Mikrophon vor dem Mund noch ausgeschaltet.

Atmen ist und bleibt die schnellste, einfachste und gesündeste Methode der Sofort-Selbstregulierung. Allerdings reicht das *Wissen* um die Kraft der Atmung nicht aus, es gibt keine Abkürzung. Es wirkt tatsächlich innerhalb von fünf Sekunden, aber noch kürzer geht es nicht. Sie müssen schon *wirklich atmen*, damit es funktioniert. Wenn Sie daran denken – und dabei wird Ihnen der kleine Leguan aus dem Kapitel *Wendan, der kleine Leguan* helfen – dann ist Atmen der ungeschlagene König der Selbstregulierung.

Feuerlöscher B

„Ich habe keine Zeit und kann/will mir gerade nichts anmerken lassen"

Sie wollen nicht zeigen, dass Sie gerade ziemlich gefordert sind, schon gar nicht durch aufreizend lautes Seufzen, müssen aber trotzdem kurz Druck ablassen und Ihre Fassung wiederfinden? Dann ist Feuerlöscher B der richtige. Der funktioniert so: *Benennen* Sie, was Sie fühlen. Sie können es aussprechen, aber die gedankliche Sprechstimme reicht dafür auch aus. Es kann ganz schlicht sein: „Mann, macht mich das wütend." „Das ist so enttäuschend/unfair." „Das macht mich so traurig." „Oh Gott, wie entsetzlich, was für eine furchtbare Nachricht." „Mensch, bin ich gestresst gerade."

Emotionen zu benennen nimmt ihnen auf mehrere Arten zugleich Druck. Wie Sie die Methode noch verfeinern können, sehen Sie im Abschnitt über *emotionale Granularität* im Kapitel *Resilienz*.

196

Feuerlöscher C

„Ich rege mich über jemanden auf und habe keine Zeit" (10 Sekunden)

Wut und Zorn stellen uns Energie bereit. Sie soll uns wehrfähig machen für eine Konfrontation. Diese Energie kann man gezielt und sinnvoll nutzbar machen – zum Beispiel, indem man sich aktiv gegen Ungerechtigkeiten wehrt. Menschheitsgeschichtlich schützt uns Zorn so vor Ungerechtigkeit, wie uns Furcht vor Gefahr beschützt. Es gibt aber mehrere weit verbreitete Reaktionen auf den eigenen Zorn, die uns das Leben erschweren, uns nachweislich unglücklicher machen und unsere Beziehungen gefährden.

Reaktions-Standards

Ein kleines Gedankenexperiment. Stellen Sie sich vor, Sie wären ein Mensch mit wenig Fahrerfahrung; oder erinnern Sie sich zurück an die Zeit, als Sie Fahranfänger waren. Ein Freund leiht Ihnen seinen sündhaft teuren Neuwagen, damit Sie in einer Ihnen unbekannten Großstadt eine Freundin abholen können. Stellen Sie sich vor, wie Sie, besorgt um das geliehene Fahrzeug, vorsichtig und umsichtig durch den Schilderwald und die verwirrende Umgebung fahren, um es am Stück wieder zurückgeben zu können. Andere, routinierte Fahrer ziehen hinter Ihnen heraus, gestikulieren, manche hupen hinter Ihnen und schimpfen sichtbar. Stress pur, oder?

Jetzt stellen Sie sich bitte eine weitere Situation vor. Wieder zurück im Heute, mit der Fahrerfahrung, die Sie tatsächlich haben. Sie sind unterwegs auf Ihrer Heimstrecke und plötzlich schleicht da jemand vor ihnen her und als sie vorbeifahren, zieht das Fahrzeug auch noch halb auf Ihre Spur herüber und nur mit Glück kommt es nicht zum Unfall. Sie spüren, wie Ihr

Herz hart zu schlagen beginnt und Ihnen das Blut in den Kopf schießt. Jetzt gibt es mehrere „klassische" Arten, wie Menschen auf dieses hochstechende Zorngefühl reagieren. Diese symbolisieren wir hier durch Dinge, welche man in diesem Moment denken könnte:

a) „Idiot!"
b) „Der wollte mich abdrängen!"
c) „Kein Mensch kann mehr *normal Autofahren*!"
d) „Wieso geht der nicht aus dem Weg!?"
e) „Der hätte mein Auto fast zu Schrott gefahren!"
f) „Der hat mich wohl übersehen."

Diese Reaktionsarten sind so klassisch, dass es Namen für ihre Kategorien gibt:

a) ist eine *entzündliche Bezeichnung*. Sie entmenschlicht eine oder mehrere andere Personen und erleichtert es, aggressives Verhalten zu rechtfertigen. Auch wenn es in diesem Zusammenhang übertrieben wirken kann, das zu erwähnen, aber Entmenschlichung ist einer der Grundpfeiler von Kriegsrhetorik. Egal, auf welche Weise man Leute entmenschlicht, das Ziel bleibt: Mitgefühl abzuschneiden und Brutalität ihnen gegenüber zu verharmlosen.

b) ist ein *Attributionsfehler* – Sie haben in diesem fiktiven Szenario keine Ahnung, was die Person in dem anderen Fahrzeug wirklich vorhatte. Sicher, dass *Sie* der Grund für ihr Verhalten sind?

c) ist eine *Überverallgemeinerung* eines spezifischen Vorgangs hin zu einer allgemeinen Regel. *Immer, niemand, alle, nie* sind Schlüsselbegriffe, um diese Form des ungünstigen Selbstmanagements zu erkennen. Unnötig zu erwähnen, dass solche Gedanken ein purer Ausdruck unseres Ärgers sind und praktisch nie realistische Einschätzungen von irgendetwas.

198

d) stellt eine *unerfüllbare Anforderung* an die andere Person. Diese soll sich, kaum, dass Sie auftauchen, ausgerechnet an Ihnen orientieren und Ihren Plänen helfen. Außerdem soll sie zu diesem Zwecke auf geradezu telepathisch-magische Weise wissen, was Sie vorhaben.

e) ist eine *Katastrophisierung*, die einen Schreckmoment in ein totales Desaster verwandelt. Es wäre *fast* etwas passiert.

f) ist eine Form von *Schönreden* und wirkt im Gegensatz zu den anderen fünf immerhin nicht eskalierend.

In Versuchen zeigte Prof. Ryan Martin 2018, dass Studenten, welche oft auf diese „klassischen" Arten mit ihrer Wut umgingen, insgesamt öfters wütend wurden und dann auch stärkere Wut empfanden; dass ihre Beziehungen öfters beschädigt waren und dass sie öfters in ungesunder Weise mit ihrem Ärger umgingen, zum Beispiel durch aggressives oder gegen sich selbst gerichtetes Verhalten oder durch riskante Fahrweise.

Mit "Ärger" meinen wir hier sowohl Wut als auch Zorn. Der Unterschied ist folgender:
Zorn ist im Gegensatz zu Wut auf etwas oder jemanden gerichtet, so, wie Furcht im Gegensatz zu Angst auf etwas oder jemanden gerichtet ist.

Typische Ursachen für Ärger sind Dinge, die wir als Provokation erleben: Unangenehmes, Unfaires, Dinge, die unsere Ziele blockieren, (scheinbar) vermeidbare Zumutungen oder Dinge, die uns das Gefühl von Machtlosigkeit geben.

Wenn wir nun also zum Beispiel am Steuer sitzen und diese „Aufregung mit der Geschmacksrichtung Ärger" spüren, was können wir mit dieser Emotion tun, um sie sinnvoll einzusetzen (oder zumindest keinen Schaden damit anzurichten)?

Die Antwort ist Empathie. Der Teil von uns, der sich durch Ereignisse in der Umwelt provoziert fühlt, ist unser Ego, unser Schutzmechanismus gegen Ungerechtigkeiten. Es heißt so, weil es nur uns selbst sieht. Empathie hingegen ist eine überlegene Wahrnehmungsperspektive, weil sie andere und deren Zustand und deren Emotionen mit einbezieht. Und diese beiden Perspektiven können in einer Art Konkurrenz zueinander stehen. Kennen Sie diese Leute, die aus dem Auto heraus auf die Fahrradfahrer schimpfen, um direkt danach auf dem Fahrrad dasselbe zu tun wie die beschimpften Fahrradfahrer – nur, dass sie jetzt auf die Autofahrer schimpfen? So kleingeistig kann uns die Ego-Perspektive machen. Und wem, seien wir einmal ehrlich, ist das noch nie passiert?

Im Kapitel *Wendan, der kleine Leguan* geht es darum, wie wir in solchen Momenten die Perspektive wechseln und die anderen einbeziehen können. Vielleicht gibt es gute Gründe dafür, dass die Person vor Ihnen langsam fährt. Zum Beispiel, weil sie das Auto geliehen hat und weder das Auto noch den Ort gut kennt. Natürlich gibt es Menschen, die gefühllos und egoistisch sind – aber die meiste Zeit verhalten sich Menschen aus ihrer Situation, ihrem Wissen und ihren Fähigkeiten entsprechend rational und wohlmeinend. Lassen Sie Ihr Mitgefühl zu anderen Menschen nicht abreißen, wenn Ihr Schutzmechanismus Sie in Alarmbereitschaft versetzt. Sie müssen Ihren Ärger nicht bekämpfen oder unterdrücken, denn er ist nicht in sich verkehrt oder böse. Aber lassen Sie ihm nicht einfach das Ruder. Bleiben Sie besonnen und mitfühlend, dann wird Ihr Ärger nicht quälend und Sie können die Energie für etwas nutzen, das Sie für lohnend halten.

Feuerlöscher C ist also dies: Versetzen Sie sich in die Lage der anderen Person, ihre Perspektive, akzeptieren Sie deren Irrtümer so, wie Sie das Wetter akzeptieren. Und lassen Sie sich von den Rechtfertigungsversuchen Ihres Egos nicht den Blick darauf vernebeln, dass Sie ein mitfühlender, denkender Mensch sind, der seine Kräfte dort einsetzt, wo es den eigenen Werten entspricht und nicht Sklave einer aufgeregten Emotion ist. Sie sind der Dirigent Ihres Orchesters – nicht die Instrumente, die gerade am lautesten sind.

Feuerlöscher D

„Ich habe 15 Sekunden Zeit"

Im Kapitel *Einstellung und Haltung* geht es darum, dass sowohl unser innerer Körperzustand als auch die von außen sichtbare Haltung und Bewegung des Körpers Ausdruck unseres emotionalen Zustandes sind. Und wir haben gesehen, dass unser Gehirn diesen körperlichen Ausdruck wiederum abfragt, um herauszufinden, wie es uns geht.

Die intuitive Auffassung vieler Menschen darüber, wie Emotionen funktionieren, ist diese: *Wir sind gerade fröhlich und, als Reaktion darauf, lachen wir.* Dieser Sicht, dass wir erst Emotionen haben und dann körperlich auf Emotionen reagieren, widersprachen schon einige antike Denker. In den 1880er Jahren widersprachen zwei Psychologen, William James und Carl Lange, unabhängig voneinander erneut dieser volkstümlichen Sicht. Sie erklärten, dass die körperliche Reaktion der Emotion vorangehe und dass wir im Grunde *nicht weinen, weil wir traurig sind, sondern traurig werden, weil wir bemerken, dass wir weinen.*
Stellt sich heraus: Es stimmt beides. Zusammengefügt wurden diese beiden Hälften unserer Rückkopplungsschleife durch

Stanley Schachters Forschung aus dem Jahr 1964. Deren Ergebnis wird heute die *Zwei-Faktoren-Theorie der Emotionen* genannt.

Es gibt diesen Charlie Brown-Cartoon, in dem Charlie (wie so oft) den Kopf hängen lässt. Peppermint Patty fragt ihn, warum er das macht. Daraufhin entgegnet er, dass man den Kopf hängen lassen muss, um traurig und betrübt zu sein. Das wäre unmöglich, während man den Kopf in den Nacken lege und nach oben in den Himmel schaute.

Wie so oft ist auch in diesem Comicstrip von Charles Monroe Schulz eine tiefe Weisheit verborgen. Das erste, was man Menschen sagt, die in höchster Not die Suizid-Hotline anrufen, ist, dass sie sich aufrichten sollen, Brust raus, Blick frei gerade aus oder leicht nach oben, mit breiter Brust, und dann einmal tief durchatmen (siehe oben). Warum ist das so?

Es gibt so ein paar körpersprachliche Ausdrücke, die überall auf der Welt von jedem Gehirn verstanden werden. Zum Beispiel reißen auch Menschen, die blind geboren wurden, in Momenten des Triumphs die Arme hoch und richten die Brustwirbelsäule auf. Die Kraftlosigkeit der Muskeln, mit denen wir uns aufrichten, bedeutet für uns umgekehrt Ohnmacht, Hoffnungslosigkeit. Der hängende Kopf lässt für unseren Blick als Inspiration nur das Stück Erde vor unseren Füßen erscheinen oder eben den Abgrund, vor dem wir stehen. Unser Körper signalisiert uns mit Nachdruck, dass alles aussichtslos ist und wir nichts ausrichten können; durch dieses durchdringende Gefühl bestärkt er uns beharrlich in dieser düsteren Sicht der Dinge. Wenn wir uns aufrichten, spüren wir plötzlich unsere Kraft und Größe, sehen den Horizont oder den Himmel: Wir sehen Sinnbilder von Zukunft, Potenzial, Möglichkeiten und Chancen. Die Weite, die Welt, Schönheit, wilde Wolken oder Sterne. Gemeinsam mit dem Durchatmen fühlen wir wieder unseren Körper und schauen etwas entspannter und zuversichtlicher auf eine Situation, die unser Körper uns gerade eben noch als hoffnungslos dargestellt hat. Das kann man auch ohne akute Not einfach mal zwischendurch tun (ist ohnehin für die Wirbelsäule auf Dauer besser, als einen Buckel zu machen). Man kommt sofort auf andere Gedanken. Bitte nicht verwechseln mit der Gorilla-Machtpose, die von manchen Trainern immer noch vermittelt wird, um „Dominanz auszustrahlen und Gegner einzuschüchtern." Das Aufrichten ist nur für Sie selbst, niemanden sonst, und hat auch nichts mit solchen oftmals nach hinten losgehenden (Selbst-)täuschungstricks zu tun.

Tun Sie folgendes:

Richten Sie sich auf, richten Sie den Blick in die Ferne, etwas über den Horizont (egal, ob Sie den gerade sehen können). Lassen Sie die Schultern locker nach hinten fallen. Stellen Sie sich vor, etwas zieht sanft Ihr Brustbein nach vorne oben. Wenn Sie sitzen, öffnen sie die Beine und stellen Sie die Füße auf den Boden. Wenn Sie stehen, stehen Sie schulterbreit und eher auf dem Außenrist der Füße als innen. Die Zehen nicht nach innen weisend, sondern geradeaus oder leicht nach außen weisend. Atmen Sie durch. Spüren Sie einen Unterschied?

Feuerlöscher E

„Ich bin aufgeregt, habe Angst, gleich keinen Ton herauszubringen oder es zu vermasseln und habe 15 Sekunden"

Vor einem Vortrag, vor einer mündlichen oder praktischen Prüfung, oder vor dem alles entscheidenden Aufschlag bei Sport kann Druck uns lähmen und daran hindern, unsere beste Leistung abzurufen. Manche Menschen spüren so großen

Druck, dass sie überhaupt nicht mehr abliefern können und ihnen die Stimme versagt, ihr Geist wie leergefegt ist oder sie sich kaum mehr rühren können. Dieser Druck wird wahrscheinlich mit ausgeübt von unserem verbalen Denken, das fast ausschließlich in der linken Hirnhälfte residiert. Könnte man kurz vor einem entscheidenden Augenblick die rechte Hirnhälfte aktivieren, sollte das die Anspannung reduzieren. Gleichzeitig würde das die Versuche des sprachgebundenen Denkens verhindern, noch „in letzter Sekunde" auf gut einstudierte Abläufe einzuwirken (und sie dadurch ggf. zu ruinieren). So zumindest der Erklärungsversuch von Prof. Jürgen Beckmann von der TU München für seine Entdeckung. Er ließ rechtshändige Tennisspieler vor Aufschlagserien 10-15 Sekunden lang den Tennisball in ihrer linken Hand dynamisch quetschen. Das Ergebnis war, dass diese Athleten (im Gegensatz zur Kontrollgruppe, die den Schlägergriff mit rechts quetschte), in Drucksituationen genauso gut trafen wie ohne Druck, während die Leistung der Kontrollgruppe unter Druck einbrach. Obwohl noch nicht abschließend geklärt ist, wie der Effekt funktioniert und auch noch nicht, ob er für Linkshänder mit rechts analog funktioniert: Probieren Sie es doch aus. Ideal geeignet ist laut der Studie ein Ball, der noch ein wenig fester ist als ein Tennisball. Wenn Sie keinen Ball zur Hand haben, soll auch das rhythmische Ballen der linken Faust für 10-15 Sekunden funktionieren.

Feuerlöscher F

„Ich fühle mich gestresst, habe 15 Sekunden Zeit, aber Leute sehen mich"

Wir geben zu, dass es Situationen gibt, in denen man nicht Grunzen will, oder sich aufrichten wie der junge Sir Lanzelot im Sonnenaufgang. In solchen Situationen unterbrechen wir die unerwünschte, selbstverstärkende Schleife unseres Zustandes wie bei Feuerlöscher B auf der mentalen Seite. Das können andere von außen nicht mitbekommen.

Tun Sie folgendes:

Machen Sie sich diese Dinge bewusst:

Wenn es bei der Arbeit ist, dann geht der ganze Ärger vermutlich nur um etwas, das irgendjemand will. Etwas, das sich jemand in den Kopf gesetzt hat und von dem die Person gerne möchte, dass es genau so läuft. Typischerweise eine Führungskraft, aber nicht zwingend. Es geht also um Wünsche und Emotionen. Die wenigsten Leute operieren am offenen Herzen, wo es bei jedem Handgriff um Leben und Tod geht. Falls das auf Sie nicht zutrifft und Sie am offenen Herzen operieren: *Bitte legen Sie dieses Buch zur Seite und machen Sie in Ruhe Ihre Arbeit fertig, ehe Sie weiterlesen!*

Für alle anderen gilt das Mantra: Es ist nur die Arbeit. Jemand *wünscht* sich etwas und ärgert sich. Mehr als hundert Prozent gibt es halt nicht und die Vergangenheit kann man auch nicht ändern.

Wenn Sie das hier lesen, leben Sie in einem Erste-Welt-Land und gehören zum reichsten Prozent der Menschheit. Wir genießen einen Lebensstandard, der höher ist als der jedes Kaisers vor einhundert Jahren, weil Wir Dinge haben und genießen, die man noch vor einem Dutzend Jahrzehnten mit keinem Geld der Welt kaufen konnte. Internet. Antibiotika. Das Wissen der Menschheit in der Hosentasche. Flugreisen. Tierdokus und Millionen von Liedern. Knochenmarkspenden. Wahlrecht. Da kann man auch mal aushalten, wenn jemand schimpft.

Und wenn Ihnen jemand blöd von der Seite kommt, halten Sie es mit Klaus Kinski:

> *„Wer mich beleidigt,*
> *das bestimme immer noch ich."*

Kinski war eine polarisierende Persönlichkeit – lassen Sie sich davon nicht von der Weisheit dieser Aussage ablenken. Ob wir jemandem das Gewicht geben, über uns zu urteilen, ob wir *deren* Ärger und deren Emotionen mitleiden und uns davon anfechten lassen, ist *unsere* Wahl. In der Regel sprühen Leute, die ihren Ärger nicht beherrschen können, ihn einfach hinaus. Oft muss das, was sie uns entgegenwerfen, einfach raus und ist gar nicht persönlich gemeint, ist gar nicht speziell gegen uns gerichtet. *Und wenn?* Selbst wenn Ihr Gegenüber das *nur* macht, *um Ihnen wehzutun*: Ob Sie dem anderen Erziehungsrechte für sich einräumen oder nicht, ist Ihre Wahl. Die Emotionen von Menschen sagen etwas über *deren* Zustand aus, nicht über Sie und Ihre Qualitäten.
Hierzu eine schöne alte japanische Geschichte vom Schwertkämpfer Musashi.

Musashi wird in einem seiner wichtigsten Kämpfe mit Sand beworfen, beleidigt und bespuckt. Da er aber so viel besser ist als sein Gegner, der ihn fortwährend wütend angreift, schlägt er nicht zurück. Stattdessen verausgabt sich der Gegner und zieht erschöpft und frustriert von Dannen. Musashis Schüler fragen ihn: „Warum hast du dich nicht gewehrt? Er hat dich beleidigt, bespuckt und mit Dreck beschmutzt. Du hättest ihm eine Lektion erteilen können." Musashi wischt sich den Schweiß von der Stirn und erwidert ruhig: „Das habe ich. Es stimmt, er hat all die Dinge getan, die ihr sagt. Doch wenn jemand mir ein solch faules Geschenk anbietet und ich es nicht annehme, wem gehört es dann?"

Noch ein Bild zur Verdeutlichung: Stellen Sie sich vor, durch Ihr Wohnzimmer spaziert ein Dreijähriger und fuchtelt begeistert mit einer Säge herum, einem riesigen Fuchsschwanz. Sie nehmen dem Kind die Säge weg, damit es sich nicht den Arm abschneidet. Was wird passieren? Der Dreijährige wird traurig und wütend sein über den Übergriff und vielleicht schreien und fluchen und Sie eventuell sogar beschimpfen. Nehmen Sie sich das zu Herzen? Denken Sie: „Oh nein, wie schrecklich, er hat mich *Pupsgesicht* genannt? Ich bin verletzt, ich werfe mich ins Messer!"

Nein, natürlich nicht. Weil Sie verstehen, was in dem Kind vorgeht und warum es sich ärgert und dass es einfach nicht versteht, warum das so laufen musste. Es lässt seinen Ärger frei heraus und beschimpft natürlich nicht den Ficus Benjaminus in der Ecke, sondern *Sie*. Weil Sie gerade da sind (und ihm die Säge weggenommen haben).

Und bei Erwachsenen ist das genauso. Denken Sie an den Jungen mit der Säge und daran, wie wenig Sie seinen emotionalen Ausbruch persönlich nehmen würden, wenn ein Erwachsener das nächste Mal in Ihrer Gegenwart *Emotionen* hat und zum Vulkan wird. Ein Vulkan in der Nähe mag unangenehm sein, aber *Sie werden nicht zum Vulkan deswegen*. Was Sie sich zu Herzen nehmen und was Sie persönlich nehmen, entscheiden ausschließlich Sie. Es gibt Gründe dafür, warum es *sich ärgern* heißt. Außerdem beeindrucken wenige Dinge Menschen mehr, als wenn Sie in der Gegenwart von heftigen Emotionen gelassen bleiben können.

Feuerlöscher G

„Ich habe 30 Sekunden, rege mich tierisch auf und bin allein"

Perfekte Voraussetzungen für unseren Sofort-Tipp, den Feuerlöscher G!
Anwendbar bei

a) akutem Schmerz (kleinen Zeh angestoßen? Geschnitten? Barfuß auf einen LEGO-Stein getreten?) oder
b) brennender Rage.

Feuerlöscher G funktioniert so:

Laut Fluchen!

Ehrlich. Lassen Sie es raus. Geben Sie verbal alles! Die schmerzlindernde Wirkung von Fluchen ist wissenschaftlich erwiesen (fand Dr. Richard Stephens in Studien 2009 und 2017 heraus).
Aber! Es gibt ein paar Dinge zu berücksichtigen:

1. Nur echtes Fluchen hilft. Die schmerzlindernde Wirkung trat in den Experimenten nicht ein, wenn die Probanden Fantasieworte fluchten. Also kein *verflixtetideleldidei!* Wie bei Ned Flanders aus *Die Simpsons*; nur Ihre echten Kraftausdrücke funktionieren!

2. Keine *ad hominem*, also: keine Beleidigungen. Keine Tiernamen und keine Körperteil-Metaphern. Und das gilt für zwei Sorten von Leuten: erstens für Andere – und zweitens: Sie selbst. Wir sind verbal zu niemandem so grausam und offen feindselig wie zu uns selbst. Hören Sie damit auf, jetzt und für immer. Feedback-Regeln gibt es aus guten Gründen. Es gibt sie, weil Beschimpfungen und das Kritisieren von *Eigenschaften* („Du bist soo blöd!") nicht zielführend sind und keine Option zur Verbesserung eröffnen. Diese Eigenheit, emotionale Verletzungen durch Selbstbeschimpfungen noch schlimmer zu machen,

nennt Psychologe Guy Winch „poor emotional hygiene", schlechte Emotionshygiene. Kritisiert wird also korrekterweise nur *Verhalten* – und das in Verbindung mit einem konstruktiven Vorschlag für die Zukunft. Wenden Sie die Feedback-Regeln, die Sie kennen, auch auf sich selbst an. Wenn Sie anderen gestatten, auch mal was zu verhauen, müssen Sie es sich selbst auch gestatten.

3. Sind Sie allein? Ist das Mikrofon ausgeschaltet oder hören Ihre Kollegen mit? Sind Kinder in der Nähe und wollen Sie denen wirklich Ihr volles Repertoire an Kraftausdrücken demonstrieren?

Wenn die Voraussetzungen passen: Nur raus damit. Fluchen Sie wie ein Matrose auf offener See, fluchen Sie sich die Seele frei!

Feuerlöscher H

„Ich habe zwar meine Ruhe, aber nur zwei Minuten Zeit"

Ebenfalls kognitiv unterbrechend wirkt diese für die Außenwelt unsichtbare Methode. Anwendungsgebiet von Feuerlöscher H sind vor allem:

das Gefühl, dass alles schrecklich ist,
dass das Schicksal einem übel mitspielt,
man so viel Pech hat,
die Welt sich regelrecht gegen einen verschworen hat,
alles aussichtslos erscheint,
man alle um sich enttäuscht hat
und überhaupt die ärmste Seele unter der Sonne ist.

Wenn das der Eindruck ist, den Ihr Gehirn Ihnen gerade darbietet, tun Sie folgendes:

Machen Sie die *Zwei-Minuten-Dankbarkeits-Blitzmeditation*. Zählen Sie hierfür alles auf, für das Sie dankbar sind. Am besten laut. Falls Ihnen partout nichts einfallen sollte, läuft Ihr Ego gerade auf Hochtouren (hierzu mehr im Kapitel *Ego* ab Seite 98). In dem Fall zählen Sie alles auf, für das Sie dankbar sein *sollten*.

Zur Erinnerung: Von den rund 120 Milliarden Menschen, die jemals gelebt haben, gehören Sie mit Ihrem Lebensstandard mindestens ins oberste Prozent, vermutlich eher ins oberste Promille: Von je 1200 Menschen, die je gelebt haben und leben, gehören Sie zu den 10 gebildetsten, gesündesten und mächtigsten. Haben Sie Freunde? Ein Dach über dem Kopf? Nie einen Krieg erlebt? Sind Sie bis auf Zipperlein und Alltagssorgen gesund? Leben Sie in einem freien Land? Haben Sie jeden Tag zu essen? Ohne sich zu überlegen, wie viele Menschen auf der Welt Sie um Ihr Leben beneiden würden: Können Sie sich herzlich und ehrlich über Dinge freuen, die Ihnen in diesem Leben widerfahren, die Sie umgeben oder die Sie in sich tragen?

Paul J. Mills konnte in seriösen Studien zeigen, dass Dankbarkeit nicht nur das Selbstvertrauen, sondern auch die Entzündungswerte seiner Herzpatienten verbesserte. Leah Dickens untersuchte über dreißig Studien zu den Effekten von Dankbarkeit und konnte zeigen, dass die kleinen bis mittelgroßen Auswirkungen auf Stimmung, Zufriedenheit und Depression teils noch mehrere *Monate* lang über die jeweiligen Dankbarkeitsmaßnahmen hinaus wirkten.

Positives Denken – bitte nicht!

Bitte verwechseln Sie Dankbarkeit nie mit *positivem Denken*. Positives Denken ist ein kurzer Kick aus Trost, ein Bild der Hoffnung, an dem wir uns für einen Moment erfreuen, um

210

unser Gemüt aufzuhellen. Bei punktueller Anwendung spricht nichts dagegen. Wenn man es damit übertreibt und es sich zur Gewohnheit macht, sich mit den bunt ausgemalten Zukunftsbildern nach dem Motto „ach, das wird sicher alles bald ganz von selbst absolut zauberhaft!" über Wasser zu halten, kann die Wirkung sich ins Gegenteil verkehren. Irgendwann macht das ständig zur Positivität ermahnte Gehirn die Schlussfolgerung: *Wie furchtbar muss mein Leben eigentlich sein, wenn ich es nur durch permanentes Gutzureden überhaupt aushalten kann?*
Solche Nebeneffekte brauchen Sie bei Dankbarkeit nicht zu fürchten. Denn hier richten Sie sich nicht mit sonnigen Vielleichts auf, sondern genießen aufrichtig das, was tatsächlich da ist. Und diesen Moment kann Ihnen niemand nehmen.

Aktuellen Hochrechnungen nach sind wir in hundert Jahren alle tot. Wollen Sie sich wirklich immerzu quälen mit den Dingen, die Sie nicht haben oder nicht tun können? Gestalten Sie Ihr Leben aktiv und konstruktiv, aber geißeln Sie sich nicht emotional für angebliche Mängel. An den reichsten Menschen der Gegenwart kann man vorzüglich studieren, dass Schönheit, Ruhm, Macht und Besitz allein keinerlei Garant für Glück oder Zufriedenheit sind.

Echte Dankbarkeit kann besonders schwerfallen, wenn gerade etwas Schlimmes passiert ist, also, wenn wir uns "zurecht" schlecht fühlen, oder wenn wir etwas als ungerecht empfinden. Wenn etwas ungewöhnlich Schlimmes passiert ist, kann das Aufzählen von Dingen, für die man dankbar zu sein habe, wie Hohn wirken. Versuchen Sie nicht, sich in Dankbarkeit hineinzuargumentieren oder zu überzeugen. Das kann Widerstand erzeugen und alles nur noch komplizierter machen. Versuchen Sie stattdessen, Dankbarkeit zu *spüren* für irgendetwas, das Sie haben. Und wenn es nicht geht, dann lassen Sie sich Ihren Schmerz einfach und zwingen Sie sich nicht, "gute Miene zum bösen Spiel" zu machen. Künstliche Freude wie Zuckerguss über das Leid zu kippen kann wieder in die Falle der Scheinwirklichkeit des positiven Denkens führen.

Gerechtigkeit ist etwas, das sehr tief in unserem Selbstbild sitzen kann und Ungerechtigkeit ist folgerichtig etwas, das wir nur schwerlich akzeptieren oder loslassen können. Wenn es sich so anfühlt, als wäre das Leben zu Ihnen ungerecht, erinnern Sie sich daran: Gerechtigkeit ist ein menschliches Konzept, keines in der Natur. *Wir* als Gesellschaft belohnen und bestrafen Menschen; die Natur, die Welt, tut das nicht. Also nehmen Sie Unbill und Zufall nicht persönlich, auch, wenn es sich einmal häuft.

Feuerlöscher I

„Ich rege mich tierisch auf, aber ich habe fünf Minuten Zeit"

Wenn ein scheinbar berechtigter Zorn Sie nicht loslassen will, hat die sehr beliebte, leider früh verstorbene Trainerin und Autorin Vera Birkenbihl einen charmanten Vorschlag für Sie: Nehmen Sie Ihre Wut mit aufs stille Örtchen (oder irgendwohin, wo Sie *wirklich* allein sind) und tun Sie folgendes:
Spannen Sie Sie Ihren ganzen Körper an (geht auch im Sitzen), Ziehen Sie Ihre Schultern hoch, ballen Sie fest Ihre Fäuste, bis sie zittern. Blecken Sie Ihre Zähne und beißen Sie sie fest aufeinander. Holen Sie Luft und machen Sie so laut Sie können *„Grrrrrr! Grrrrrrrr!",* wie ein zorniger Dachs. Machen Sie das mit voller Körperspannung und voller Energie, und zwar so lange, bis Sie sich bescheuert vorkommen. Und oh ja, keine Sorge, der Moment wird kommen. Ihr Zorn ist dann vielleicht nicht weg, aber er wird in Relation gesetzt, ohne dass Sie sich mit "positivem Denken" auseinandersetzen oder die Sache

allzu ernst und verbissen angehen müssen. Psychiater Viktor Frankl sagte: "Humor schafft Distanz" – und das eben in allererster Linie zwischen Unliebsamem und einem selbst.

Feuerlöscher J

„Mir schwummert der Kopf, ich bin total mit den Nerven durch, zuhause, und habe 5 Minuten Zeit"

Es gibt eigentlich nur zwei Arten, wie Sie auf den nun folgenden Tipp reagieren werden. Die eine ist „kenne ich schon, ich bin begeisterter Fan!", die andere ist „oh Gott, nie im Leben!".

Ein Großteil unseres (Arbeits-)Alltags ist davon geprägt, kognitive Kontrolle auszuüben, zu antizipieren, zu planen und Prozesse zu kontrollieren (Hierzu mehr in Kapitel *Kontrolle* auf Seite 23). Zum Antizipieren gehört das geistige Erzeugen von *Best Case* und *Worst Case*-Szenarien. Um Risiken abzuschätzen, malen wir uns aus, was im Idealfall passiert und was im schlimmsten Fall passieren könnte. Das Problem, dass etwas *zu gut* werden könnte, ist in Leben und Arbeitswelt selten. Unser Fokus liegt deshalb oft auf den Dingen, die schief gehen können. Und da wir oft *ganz* genaue Vorstellungen davon haben, was wir als „Erfolg" gelten lassen, gibt es eine überwältigende Anzahl von Möglichkeiten, wie etwas schiefgehen kann. Wir machen uns also überproportional oft und unverhältnismäßig viele Sorgen. Erfolge werden kurz zelebriert und dann abgehakt, damit wir uns um neue Dinge sorgen können. Das Gewicht dieser alten und ständig neuen Sorgen lastet die ganze Zeit auf uns. Wenn wir nicht im Luxus einer fantastischen Betriebskultur leben, ist unser Alltag geprägt von Sorgen und dem *Verhindern* von Dingen. Neben Sorgen sind unsere produktiven Tage geprägt von kognitiver Kontrolle – also dem Versuch, durch Konzentration nach

Möglichkeit zu garantieren, dass die Dinge so laufen, wie wir das geplant haben.

„Der Löwenanteil unseres Stresses findet in der Zukunft statt."

Alle diese Prozesse haben mit Gehirnfunktionen zu tun, mit denen wir durch Handlungen gezielt Kontrolle ausüben. Diese liegen überwiegend in einem Teil unseres Gehirns, der in der Menschheitsgeschichte als letzter hinzukam. Dieser junge Teil des menschlichen Gehirns wurde vermutlich in keiner Menschheitsepoche so exzessiv genutzt wie heute. Aus Experimenten mit Epilepsie-Patienten wissen wir, dass Nervenzellen, die permanent Signale erzeugen müssen, die dauernd „feuern", ermüden. Zu *ermüden* heißt für Nervenzellen – und damit für das gesamte Gehirn – dass die Ausscheidungen aus dem Stoffwechsel der Nervenzellen die Signalübertragung zwischen den Nervenzellen erschwert. Stellen Sie sich vor, in einer dicht bevölkerten Stadt würden sich die täglich anfallenden Müllsäcke immer weiter stapeln und auftürmen. Immer weiter, immer größere Haufen, bis einzelne Straßen oder Kreuzungen unbefahrbar werden. Dann belastet das den gesamten Straßenverkehr und es kommt zu Verzögerungen. Dann funktioniert alles langsamer und mühseliger und es wird erst besser, wenn der Abfall abtransportiert wird. Unser Gehirn macht das erst nachts, Im Tiefschlaf.
Im Gehirn hängen viele Prozesse voneinander ab und müssen miteinander koordiniert werden. Komplizierte Vorgänge, bei denen viele Prozesse aufeinander warten müssen, leiden also besonders unter Müdigkeit und brauchen dann öfter das Eingreifen der Aufmerksamkeit, um überhaupt zu funktionieren.
Ein erschwerender Faktor für dieses Ermüden ist die zunehmende Reizintensität der modernen Welt. Das bekommen Sie zu spüren, wenn Sie vor dem Bildschirm sitzen und Ihre Augen sich anfühlen wie trockene, glühende Bälle,

wenn Ihr Kopf schwer und das Denken schwierig ist, die Stirn warm und Sie am liebsten schlafen würden, obwohl Ihr Körper gar nicht müde ist.

Wenn das passiert und Sie aus dem Grübeln und Sorgen nicht mehr herauskommen, brauchen Sie etwas, das Sie aus der gedanklichen Zukunft ins Hier und Jetzt zurückreißt. Was Sie jetzt brauchen, ist sinnliche Wucht. Die Ihnen Ihren Körper spürbar macht und Sie in drei Minuten zu einem frisch geborenen, vor Kraft und Lebensfreude bebenden Menschen macht, der vor Glück zittert und neue Kraft spürt, Kraft, es mit allem aufzunehmen. Wucht, die träge vor sich hinschlummernde Hirnregionen belebt und die muffigen Zimmer des eigenen Geistes heftig durchlüftet. Ja, das klingt vollmundig. Aber es stimmt. Es gibt etwas, mit dem das in einer bis drei Minuten geht.
Die Rede ist von: Kaltem Duschen.
Ja, Sie denken „Oh Gott!", und dass Sie sich das niemals im Leben antun würden. Aber, bevor Sie jetzt diesen Abschnitt einfach überspringen: So ist das am Anfang bei allen. Es hat sich in den letzten Jahren, vor allem im Nimbus um den niederländischen Extremsportler Wim Hof, ein regelrechter Kult entwickelt, dem Sie nicht zu folgen brauchen, um in den vollen Genuss all der gesundheitlichen und belebenden Vorteile von kaltem Wasser und begleitenden Atemtechniken zu kommen. Sie finden auf den gängigen Videoplattformen im Internet *gratis* alles, was Sie brauchen. Dort sind auch Hunderte, wenn nicht Tausende von Erfahrungsberichten und Einsteigertipps, mit denen Sie sich herantasten können, ohne sich mit einem Schockerlebnis zu verschrecken. Unter anderem wird der Einstieg begünstigt durch eine Atemtechnik, welche entspannt und schmerzunempfindlicher macht, bevor man sich dem kalten Wasser aussetzt. Für diese Atemtechnik gibt es auch geführte Videos in Dutzenden Sprachen. Wir verraten Ihnen aber schon hier, wie sie geht:

215

Legen Sie sich hin, schließen Sie gerne die Augen und entspannen Sie sich zutiefst. Atmen Sie voll ein, am besten in Bauch *und* Brust. Ob durch Mund oder Nase oder beides ist egal, Hauptsache, Sie bekommen schnell viel Luft.
Lassen sie den Atem herausfallen, ohne zu drücken.
Atmen Sie auf diese Weise ohne Unterbrechung 30- bis 40-mal ein und aus und hören Sie dann nach einem *Ausatmen* einfach auf, zu atmen. Genießen Sie das Kribbeln oder die Temperaturänderungen in Fingern und Zehen. Spüren Sie Ihren Körper und wozu er fähig ist.
Wenn Sie wieder den Drang spüren, zu atmen, holen Sie tief Luft und halten sie den Atem für 15 Sekunden an. Atmen Sie danach entspannt aus. Es ist kein Wettbewerb. Spüren Sie sich.
Nach etwa 15 Sekunden wiederholen Sie den gesamten Durchgang. Machen Sie drei oder, wenn Sie mögen, vier Durchgänge. Manche Menschen machen es morgens, zum Wachwerden, andere zum Einschlafen, andere zum Entspannen. Oder eben als Vorbereitung, um sich einige Momente später gezielt der Kälte auszusetzen und die belebende Wirkung zu genießen.
Probieren Sie die Kälte unbedingt aus. Spüren sie, was Ihr Körper alles kann. Machen Sie sich die Kälte zum Freund. Sie werden nie wieder Angst vor der Kälte haben. Und beginnen, sie zu lieben. Und wenn Sie es eine Weile praktizieren, nie wieder frieren. Und seltener erkältet sein. Und Sie können, wenn Sie kopfmüde sind, Ihren Körper innerhalb von einer oder zwei Minuten kalten Duschens mit frischen Urkräften beleben. Wenn Sie das einmal erlebt haben, kennen Sie das Geheimnis, wie Sie sich in weniger als fünf Minuten komplett neu beleben und erfrischen können. Ihr Mut wird belohnt werden. Das Gefühl, die Kälte für sich zu erobern und auf diese Weise über sich hinauszuwachsen, ist einfach wundervoll.

216

Feuerlöscher K

„Ich habe zehn Minuten Zeit, aber keine Dusche hier"

Eine andere Form der sinnlichen Wucht bieten kurze, intensive Trainingseinheiten. Die Internet-Videoplattformen sind voll mit "6-Minuten-Workouts" und "7-Minuten-Workouts". Die sind in der Regel für jeden Fitnessgrad geeignet, weil sie nach dem Schema "machen Sie in den nächsten 30 Sekunden so viele XY wie möglich" aufgebaut sind. Und egal, ob Sie in dieser Zeit zwei Kniebeugen schaffen oder zweihundert, Sie kommen in für Sie passender Weise in Bewegung, spüren Ihren Körper, kommen zurück ins Jetzt und zeigen Ihrem Körper, dass er noch gebraucht wird. Unser Körper schaltet gnadenlos alle Verbraucher ab, die nicht benutzt werden. Und Verbraucher sind vor allem: Muskeln. Und zu denen gehört auch das Herz.

Übrigens, zu Sport: Wenn Sportler plötzlich weniger Sport machen können oder dürfen, als sie gewohnt sind, ist das für sie genauso quälend, wie es ist, sich aufzuraffen, *mehr* zu machen als gewohnt. Wenn man beginnt, sich mehr zu bewegen, dann kann einem das anstrengend vorkommen und die Aussicht, dass es immer so eine Quälerei sein wird, kann einen entmutigen. *Das ist aber nicht so.* Die einzige Möglichkeit, vom Körper mehr Energie bereitgestellt zu bekommen als bisher, ist: mehr zu verbrauchen. Das ist ein bisschen wie das kommunale Budget für Straßenbau. Wenn man das nicht verbraucht, gibt's im nächsten Jahr weniger Geld. Wenn Sie also plötzlich mehr Energie einsetzen, als Ihr Körper kalkuliert, wird er sich vielleicht erst einmal beschweren. Aber sobald Sie auf dem neuen Energieniveau sind, *hört das auf.* Dann wird Ihr Körper danach lechzen, dass Sie ihn bewegen. Nur der Energie*wechsel* braucht Wille und etwas Beharrlichkeit (und vielleicht Freunde, die mitziehen). Sobald Sie auf dem neuen Energieniveau angekommen sind, sind Sie einfach fitter und gesünder und das Mehr an Bewegung ist genauso normal wie Ihre Normalität jetzt. Sie können *für immer* ein anderer Mensch werden, wenn Sie *einmal* in einen solchen Energiewechsel investieren.

Feuerlöscher L

„Ich habe so 5 bis 10 Minuten, aber ich kann gerade nicht vom Computer weg"

Obwohl eine körperliche Intensität die bessere Abwechslung für die Einseitigkeit ist, die wir typischerweise im Arbeitsalltag erleben, hier für den Notfall – oder für die Vielfalt – noch eine andere Art sinnlicher Intensität:

Spielen Sie ein Spiel auf Ihrem Computer, Tablet oder Smartphone. Es muss ein Spiel sein, das erstens Ihre ständige Aufmerksamkeit braucht und das Ihnen zweitens Spaß macht. Das sind eigentlich schon die Anforderungen. Ob es so schlicht ist wie Tetris oder ein grafisch opulentes Sport- oder Ballerspiel, das ist letztlich Geschmackssache. Sie werden aus Ihrem Gegrübel herausgerissen und Ihr Körper wird mit frischem Adrenalin durchgespült. Wenn es nur eine kurze Pause sein soll, stellen Sie sich am besten einen Alarm. Dann können Sie mental auch wirklich abschalten und schrecken auch nicht nach einer durchgezockten Stunde plötzlich hoch.

Was die geeignete Pausenbeschäftigung ist, hängt immer davon ab, *wovon* man sich erholen will. Grundsätzlich sollte die Pause so andersartig wie möglich sein. Deshalb ist die aktive Workout-Pause für Schreibtischmenschen vermutlich meistens passender, während ein Profisportler typischerweise ohnehin genügend Auslauf hat und sich auch mal mit Daddeln an Computer oder Konsole erholen kann. Letztlich ist es aber am wichtigsten, dass Sie etwas machen, auf das Sie auch Lust haben, das Ihnen frische Motivation gibt und – vielleicht nach anfänglicher Überwindung – Spaß macht.

Ben macht mit seinen Teilnehmern in der Resilienzarbeit regelmäßig Pausen. Wenn es passt, einmal pro Stunde. Oft wird die erste Pause in einem Workshop aber nicht als Pause genutzt; stattdessen stürzen sich oftmals alle auf ihre Bildschirme und Emails. Eine der an die Teilnehmer gestellten Herausforderungen ist deshalb, in der Pause wenigstens für fünf Minuten nicht zu arbeiten oder vor Bildschirmen zu sitzen, sondern etwas zu trinken, zu essen, frische Luft zu atmen oder eine Nachricht an eine geliebte Person zu schicken.

Feuerlöscher M

„Ich habe 10 Minuten Zeit und bin allein"

Eine weitere Möglichkeit, sich ins Lot zu bringen, ist die gezielte Anwendung einer sehr bekannten substanzlosen Droge. Einer Droge, die sich wegen ihres glänzenden Verhältnisses zwischen stimmungsaufhellender Wirkung einerseits und sehr geringen unerwünschten Nebenwirkungen andererseits auf der ganzen Welt größter Beliebtheit erfreut. Die Rede ist von der am weitesten verbreiteten, universellsten bewusstseinsverändernden Droge der Welt:
Musik.

Tun Sie folgendes:

Schließen Sie ab, wenn sonst jemand hereinkommen könnte. Zimmer dunkel, weil *wieso nicht*?

Kopfhörer auf (am besten die dicken), Musik so laut auf, dass man sich selbst kaum noch hört (nicht übertreiben), und dann: dazu bewegen und mitsingen. Hintern von der Couch hoch, und dann mit dem Kopf wippen, dirigieren oder Luftgitarre spielen: Lassen Sie sich von der Musik mitziehen. Sie wissen genau, welche Musik gerade die richtige ist, um Sie rauf- oder runterzubringen. Wenn Sie sich irren, werden Sie es binnen zehn Sekunden merken. Schütteln Sie Ihren Körper, Tanzen Sie für sich selbst oder kombinieren Sie es mit Ihrer Yoga- oder Workout-Routine (siehe oben). Eine gute Methode, um den Körper anzuwerfen.

Gleichzeitig können Sie damit ein überaktives Ego oder überscharf eingestellte kognitive Kontrolle vom Netz nehmen und die dafür zuständigen Hirnregionen einmal abkühlen lassen. Je mehr Sie es schaffen, sich einfach so gehen zu lassen, wie es Ihnen Spaß macht, desto erholsamer und effizienter ist die Pause. Sie werden sich jung und lebendig fühlen und allein das setzt schon Kräfte frei. Das funktioniert Zug um Zug: Je eher Sie sich trauen, loszulassen, desto mehr lässt auch Ihr Ego los. Umgekehrt sind die Bereitschaft, einmal für ein paar Minuten bescheuert und kindlich unbeschwert zu sein und der Schritt, sich von internalisierten Erwartungen freizumachen die Voraussetzung dafür, dass Sie sich überhaupt darauf einlassen können.
Viel Spaß!

Feuerlöscher N

„Ich fühle mich ausgelaugt, habe 20-25 Minuten Zeit und habe meine Ruhe"

Es folgt ein Tipp, der wahrscheinlich nur im Homeoffice Anwendung finden kann: Anstatt sich den ganzen Nachmittag mit quälenden Emotionen oder Müdigkeit herumzuschlagen, machen Sie ein zwanzigminütiges Nickerchen. Sie können für die Einschlafzeit fünf Minuten obendrauf geben, *aber bitte nicht mehr*. Wenn Sie länger schlafen, sinken Sie wahrscheinlich in richtigen Tiefschlaf und wenn Sie dann nach einer Stunde oder anderthalb zu sich kommen, riskieren Sie, den restlichen Tag überhaupt nicht mehr richtig klar zu werden und sich vielleicht auch noch den Nachtschlaf zu ruinieren.

Zwischen 15 und 16 Uhr ist wahrscheinlich die letzte Chance, noch zu schlafen, ohne dass Ihr Nachtschlaf beeinflusst wird. Wenn Sie derzeit nachts nicht schlafen wie ein Stein, dann sollten Sie es nicht so spät riskieren, sondern lieber das Mittagsloch ausnützen. Mit etwas Übung schlafen Sie sehr schnell ein und wachen erfrischt auf. Außerdem funktioniert ein Schläfchen als emotionaler Neustart und Sie können den Tag gewissermaßen ein zweites Mal neu angehen.

Stellen Sie sich einen Wecker. Nehmen Sie sich vor, dass Sie aus dem Nickerchen erfrischt aufwachen werden und legen Sie fest, was Sie als allererstes machen, sobald der Wecker klingelt. Snooze-Taste verboten! Wenn der Wecker klingelt, stehen Sie direkt auf und machen das, was Sie sich vorgenommen haben. Vielleicht eine kalte Dusche für Arme und Beine, als Kickstart?

Wenn Sie es nicht schaffen, einzuschlafen: Nicht verzagen. Wenn Ihr Körper das Konzept von "Nickerchen" noch nicht kennt, einfach üben. Wenn Sie sich mehrere Tage hintereinander ungefähr um dieselbe Zeit herum hinlegen und zwanzig Minuten nichts tun, klappt es ziemlich schnell. Die Einschlafmethode für Kampfpiloten finden Sie im Abschnitt *Wie fit bin ich heute?* auf den Seiten 65 und 66.

Wenn Sie einen Teil der Wirkung des „Powernaps" nutzen wollen, aber nicht so viel Zeit haben, probieren Sie die Variante, die im Abschnitt *Hypnagogie* auf Seit 158 erklärt wird.

„Ich habe ein bis drei Stunden Zeit und bin flexibel"

Wunderbar! In dieser Zeit kann man richtig abschalten und das Beste aus den genannten Methoden kombinieren. Treffen Sie sich mit Freunden zum Ballspielen (das fesselt die Aufmerksamkeit, bringt Dopamin, bewegt den Körper und macht müde für richtig guten Nachtschlaf). Für Federball und Frisbee benötigt man wenige Leute, mit Roundnet/Spikeball recht wenig Platz. Wenn es drinnen sein soll, spielen Sie Improtheater, singen oder musizieren Sie zusammen. Auf Improwiki.com finden Sie unzählige Theaterspiele für kleine und große Gruppen. *Treffen Sie Leute*. Hierzu mehr in Kapitel *Instrumentelle Veränderungen* ab Seite 107.

Das hier war jetzt erst einmal eine Liste mit Vorschlägen. Es ist weder nötig, dass Sie die alle anwenden (puh, nochmals um die kalte Dusche herumgekommen!), noch, dass Sie sich die alle merken. Wir möchten nochmals auf unseren „Buffet"-Ansatz hinweisen. Probieren Sie einfach diejenigen Vorschläge aus, die Sie am meisten ansprechen. Am besten erst einmal einen oder zwei.

Wenn Sie vom Anfang des Buches hierher gesprungen sind, geht es jetzt weiter auf Seite 13.